子どもの吃音《きつおん》
ママ応援BOOK

医学博士
菊池良和 著
はやしみこ イラスト

学苑社

はじめに

　私の息子は一人っ子です。

「お子さんは？」

「一人です」

「一人っ子はかわいそう。かわいそうよ」

　と私よりも年配の方からたびたび言われます。

　その返答があるたびに、一瞬考えてしまいます。私の息子が
生き生きと生活し、いろんな長所をもっているのに、

「私の子はかわいそうな子なのか!?」

「かわいそう」

　と他人から言われることで、息子の価値観が変えられそうで、
親としての自信がもてなくなってしまいます。

吃音のある親も同様に、周りの人に非常に左右されてしまいます。

特に母親は、子どもと一緒に過ごす時間が長く、指摘や真似される現場を目撃し、「ハナセナイ」などの訴えを聞く機会もあるでしょう。

そして、相談した機関やインターネットでは、「今よりもさらに愛情をたくさん与えなさい」と言われ、自分の今まで行なってきた育児が否定された自己否定感で一杯になってしまい、

「かわいそう」

「申し訳ない」

という〝くもりメガネ〟をかけてしまいます。

そんな〝くもりメガネ〟では、吃音のある子どもに向き合えず、よい子育てはできません。吃音は発症3年で

約7割自然回復しますが、大人まで吃音が続く人はいますし、私も吃音があるままで医師となって働いています。吃音のある大人でも生き生きと生活している人はたくさんいます。

「誤解だらけの吃音」に正しい知識を身につけて、〝くもりメガネ〟を外して、子どもの楽しそうな話を聞くため、子どものためによりよい支援をしていくため、そして親としての自信を取り戻すための本書であることを願います。

菊池良和

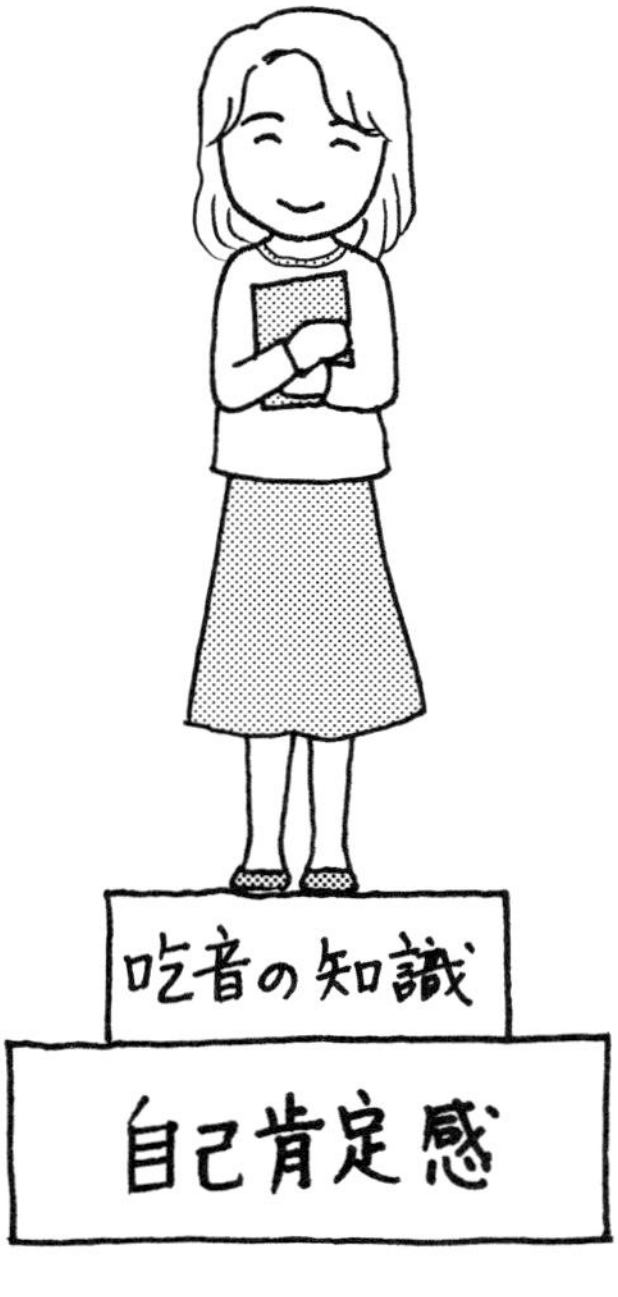

目次

はじめに

1 吃音とは……11

吃音の主な症状 12
吃音の特徴 13
どもる時と、どもらない時がある 16
吃音の波 17
そのうち治るよ 18
母親の悩み——吃音は治るのか？ 19
吃音が治る人もいれば、治らない人もいる 20
吃音の自然回復率 21
吃音の表面と心の中の変化 22
まとめ 24

2 原因……25

怒った次の日から吃音が始まった…… 26
約４割の吃音は急に始まる 27

愛情不足が吃音の原因？　28
吃音の始まる年齢　29
母親の孤独　30
吃音の誤解の歴史　32
まとめ　34

3　周囲への理解……35

友だちに真似される　36
友だちに真似されたら　37
友だちに指摘される　38
友だちに指摘されたら　39
園の先生から、「どもってないですよ」と言われる　40
長く話すと増加する吃音　41
大人に真似される　42
先生への伝え方　43
祖父母から「なんとかしないと」と言われる　44
祖父母から「あなたのせいじゃないの」と言われる　45

祖父母への理解の進め方　46
吃音の有名人　47
きょうだいにからかわれる　48
一人ひとりの気持ちを聞く　49
きょうだいからの指摘　50
いつきょうだいに伝えるか　51
子どもが話せなくてイライラする　52
《資料》一般向け理解資料　54
吃音のことを伝える　55
《資料》クラスメート向け理解資料　56
クラスメートへの理解は子どもに相談　57
新しい環境には、前もって準備する　58
入園・入学後にできること　60
まとめ　62

4　子どもの吃音と向き合う……63

よくない対応　64

よい対応　65
よくない例の悪循環　66
よい例の好循環　67
歌うように、話す？　68
「せーの」とタイミングを合わせるアドバイスをする？　69
一緒に言えばいい？　70
子どもは親ほど嫌なことを覚えていない　71
子どもに「どうしてこんな話し方になるの？」と聞かれたら　72
子どもからの質問は「からかい」のサイン　73
突然「話せない」と言う　74
「話せない」と言われたら　75
学校のことを本人とオープンに話しましょう　76
吃音が増えた時の３つの質問　77
母親の心理の5段階　78
まとめ　80

5 吃音を相談する……81

こんな時は相談を　82
相談するとこんなメリット　83
吃音の相談機関　84
吃音は話し方の訓練をしない？　86
相談に行く前に準備しておきましょう　88
吃音相談室の様子　90
まとめ　96

6 先輩の体験談……97

周りを味方に（年長男の子のお母さん）　98
味方になってくれた先生（小学1年生女の子のお母さん）　100
正しく伝えると変わる先生（小学4年生女の子のお母さん）　102
小中高校生のつどい・キャンプ　104
吃音者のセルフヘルプグループ（言友会）　105
吃音のある子の記憶に残るもの　106

おまけ……111
知ってほしい場面かんもく 112
場面かんもく傾向があると気づいたら 113
もっと吃音を知りたくなったら 114
《資料》幼稚園・保育園の先生へ 116
《資料》学校の先生へ 117
あとがき 118

装丁 有泉武己
撮影 松井健太

出発！

1　吃音とは

吃音の主な症状

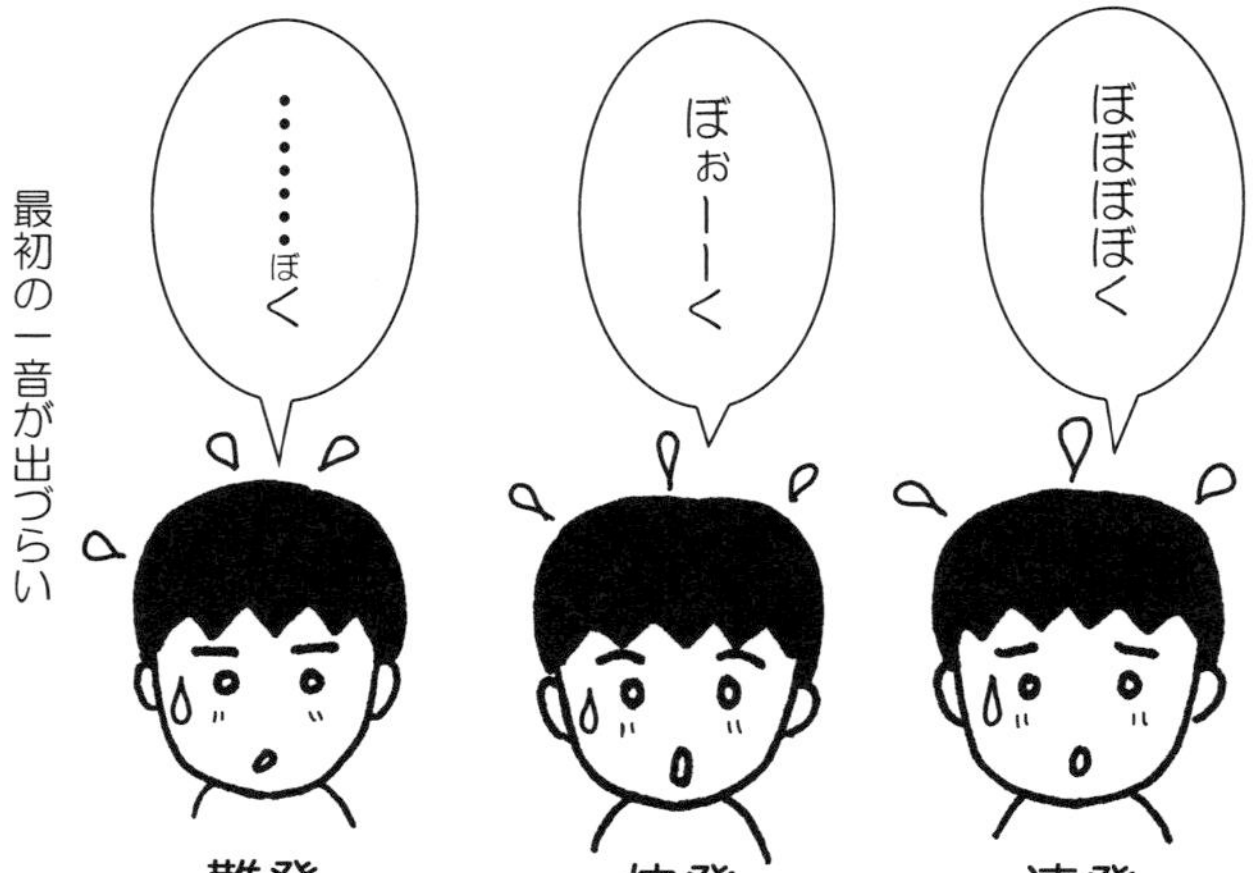

難発　伸発　連発

随伴《ずいはん》症状

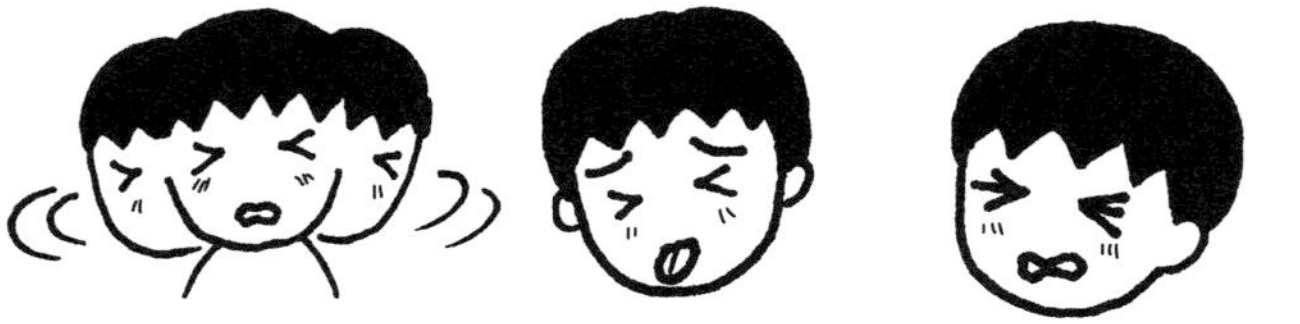

難発に伴い、顔や口に力が入り、手足でタイミングを取る

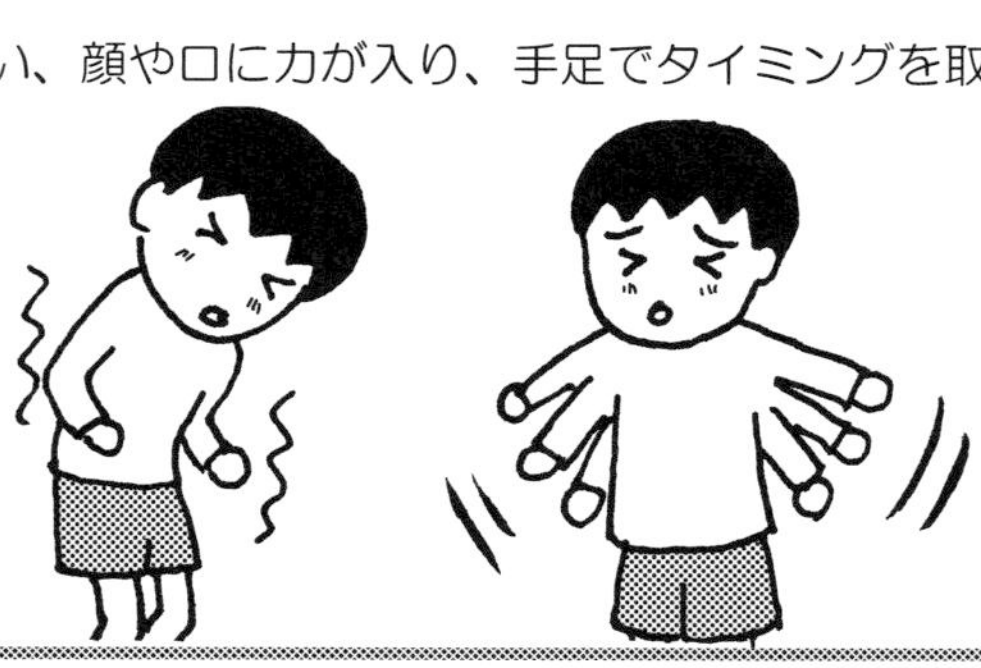

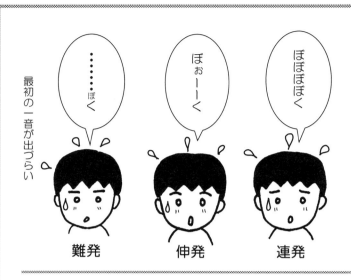

●吃音の特徴

言いやすいことばと言いにくいことばがある
ああありがとう
せんせい

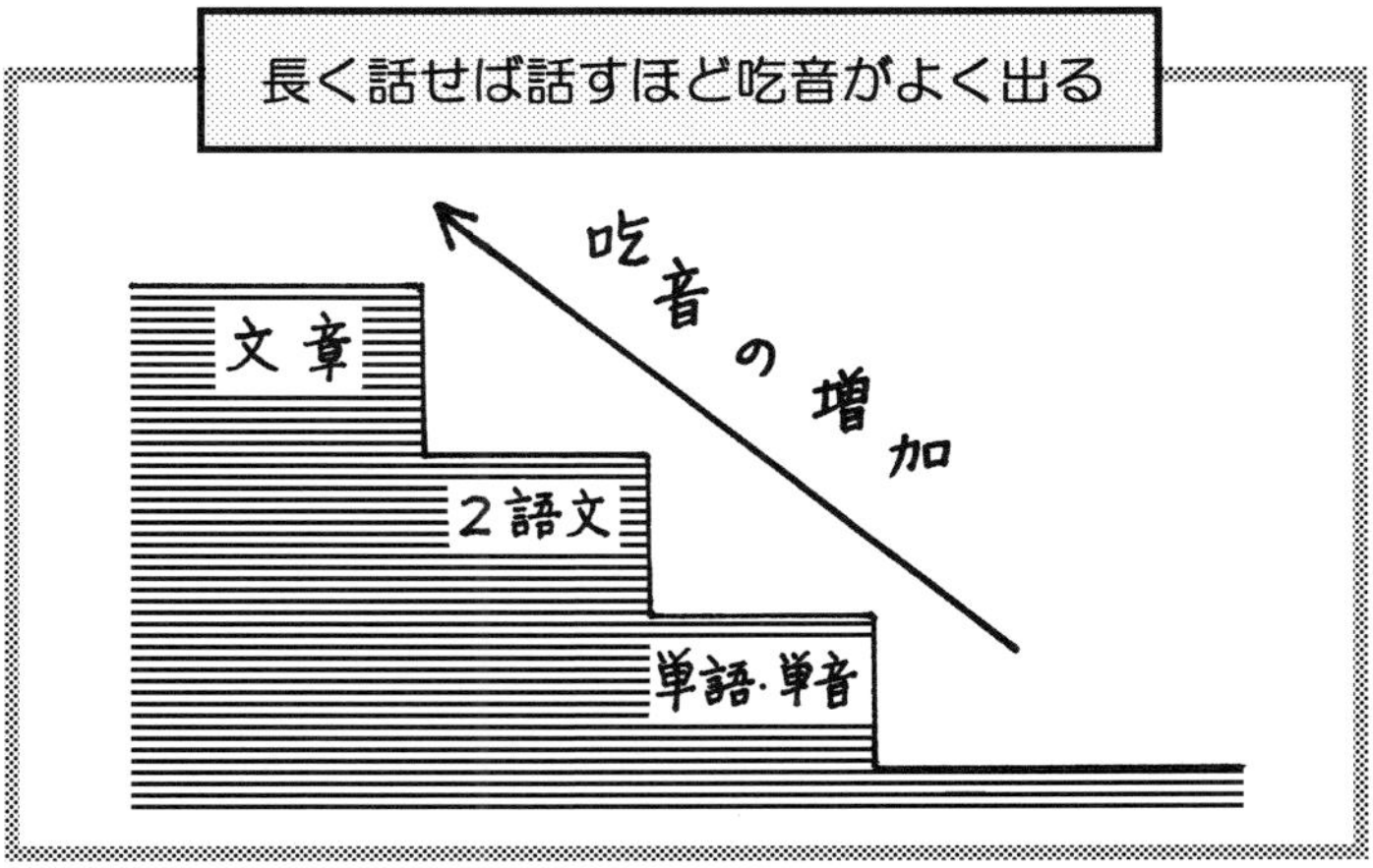
長く話せば話すほど吃音がよく出る
吃音の増加
文章
2語文
単語・単音

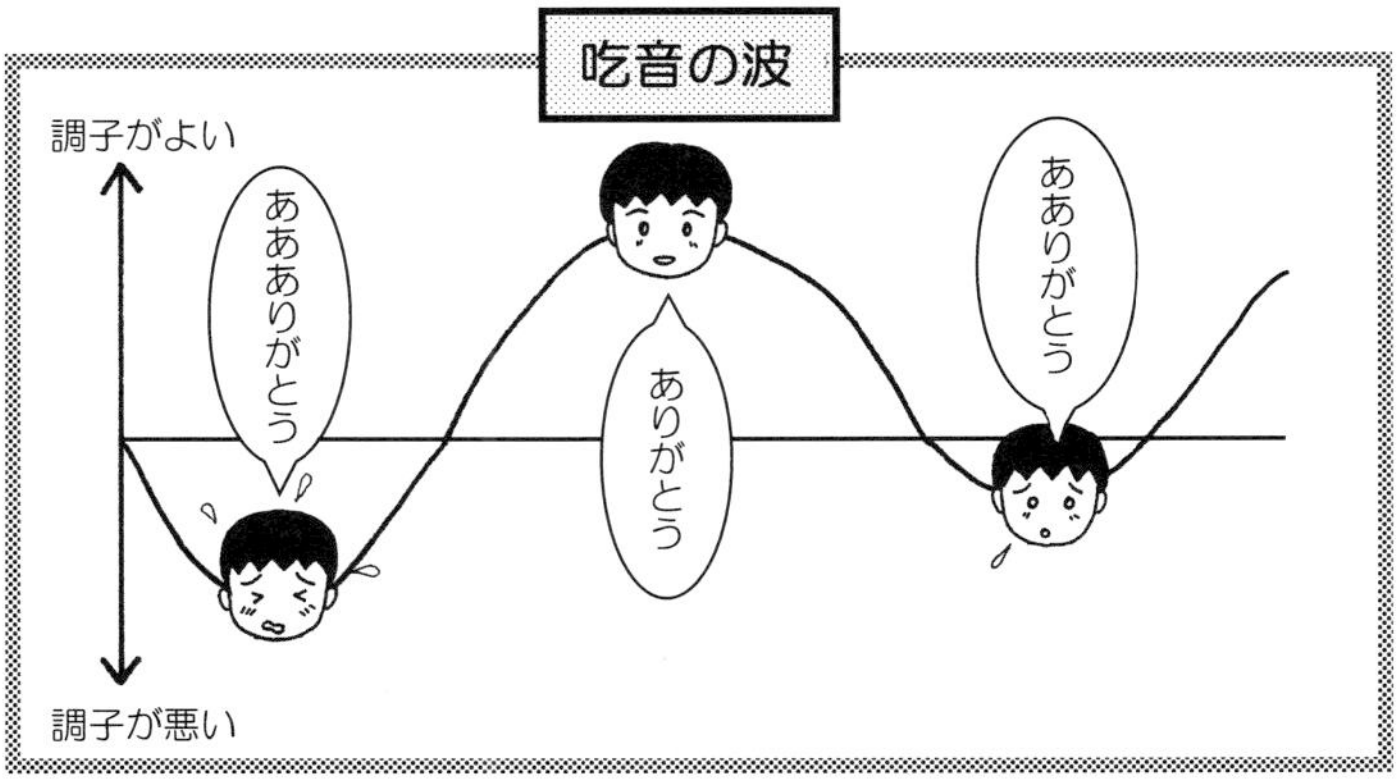
吃音の波
調子がよい
ああありがとう
ありがとう
あありがとう
調子が悪い

歌だと吃音は出ない

いっしょに同じことばを言うと吃音は出ない

からかわれると悪化

ほめられると軽減

どもる時と、どもらない時がある

●吃音の波

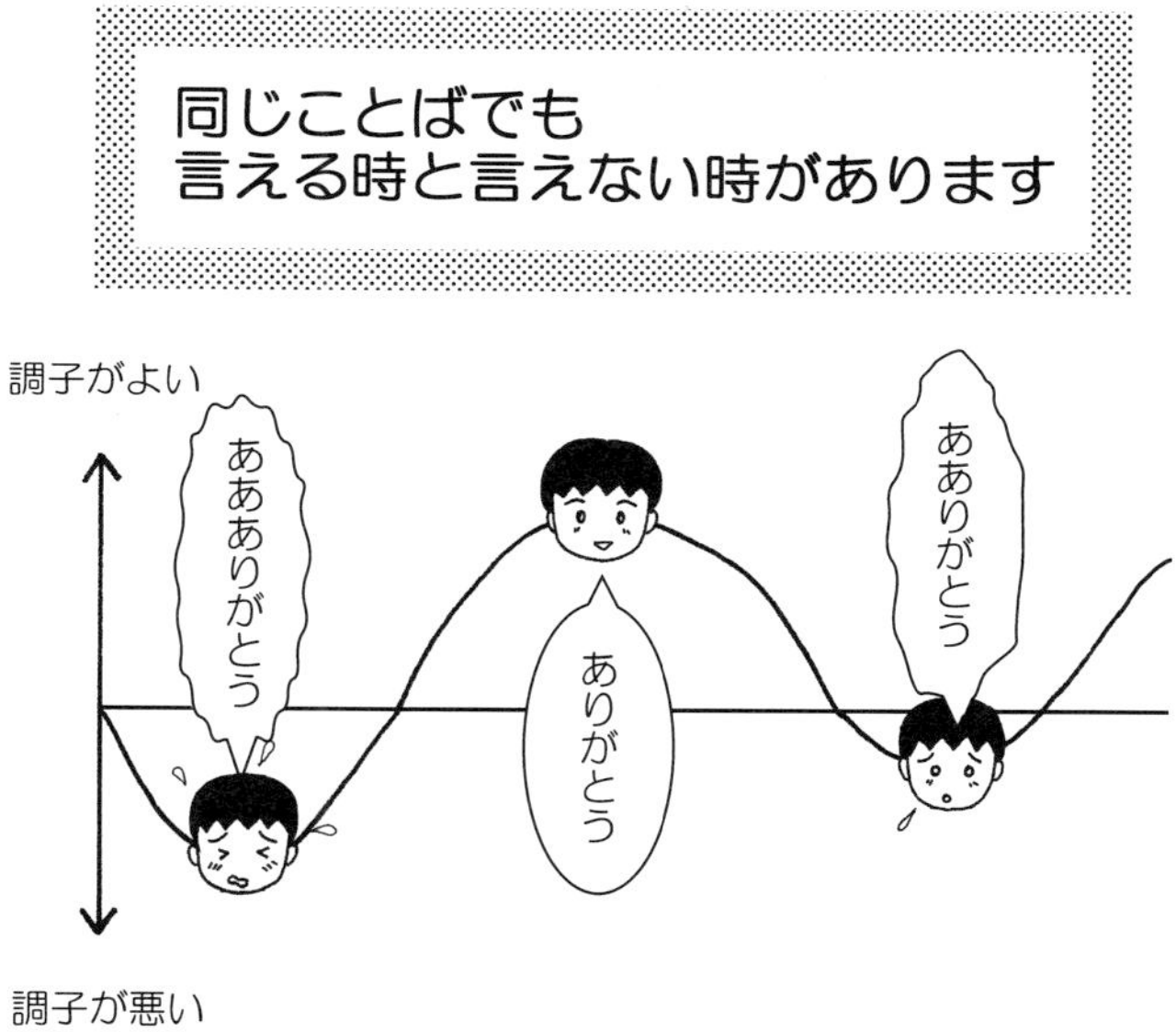
同じことばでも
言える時と言えない時があります
調子がよい
ああありがとう
ありがとう
ああありがとう
調子が悪い

「吃音が困った、相談したい」と思う時は、吃音の調子が悪い時ではないでしょうか？

ただ吃音は増加したり、軽減したりするものです。吃音が増えたと思っても、時間が経つにつれ、自然と軽減していくものです。園や学校の行事の練習をしている時に吃音が増え、夏休みに吃音が減る子どももいますが、そのようにならない子どももいます。大切なのは表面の吃音に振り回されず、子どもの話したい意欲を持続させることです。そのため、子どもの周りのすべての人に吃音を理解してもらうことが重要となります。

●そのうち治るよ

周囲の人は安心させようと、「そのうち治るよ」と言うでしょう。でも「治らなかったらどうするのか？」を考えることが、吃音と向き合うことの始まりなのです。

母親の悩み——吃音は治るのか?

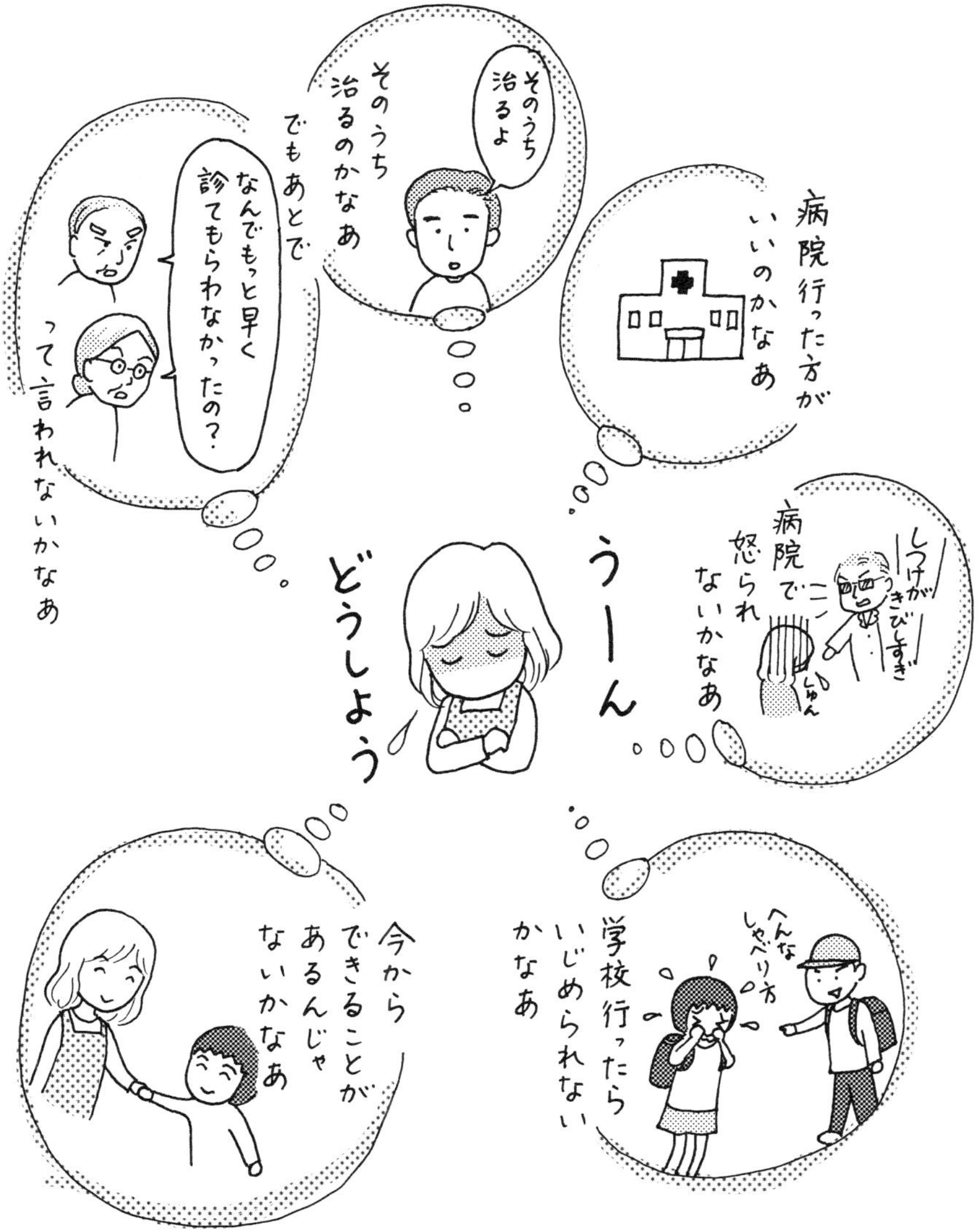

●吃音が治る人もいれば、治らない人もいる

●吃音の自然回復率

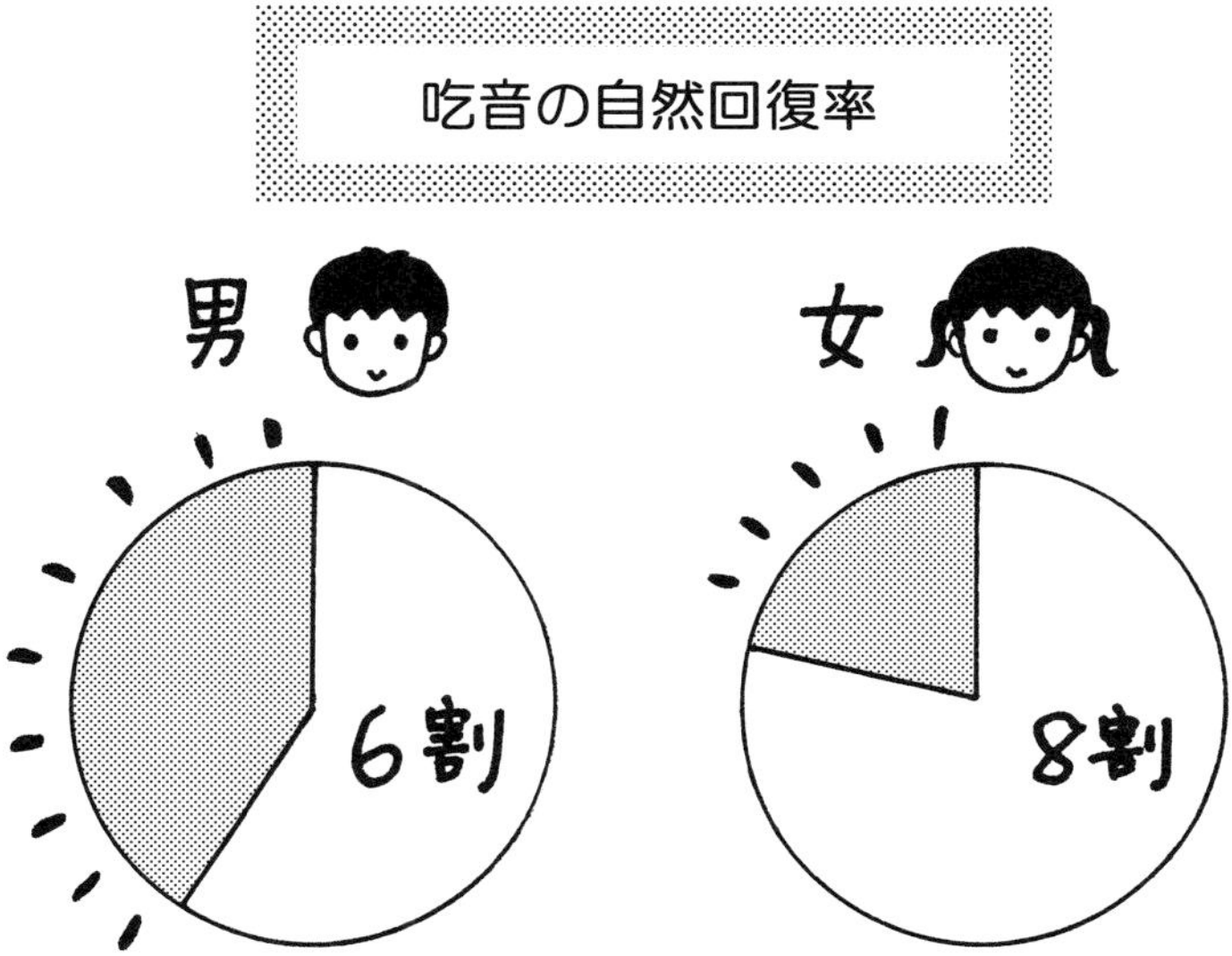

男の子の吃音は、発症してから3年で6割が自然に治り、女の子の吃音は発症して3年で8割が治ると言われています。逆を言うと、男の子は3年たっても4割が治らず、女の子は3年たっても2割が治らないということになります。

世界で共通見解のある自然回復率を上げる方法はまだありません。そのため、「吃音は治るから、放っとけばいい」という姿勢ですと、子どもが一人で吃音の悩みを抱え込んでしまうことになります。「治らなかったら、どうすればいいか」ということを考えておかなければなりません。

●吃音の表面と心の中の変化

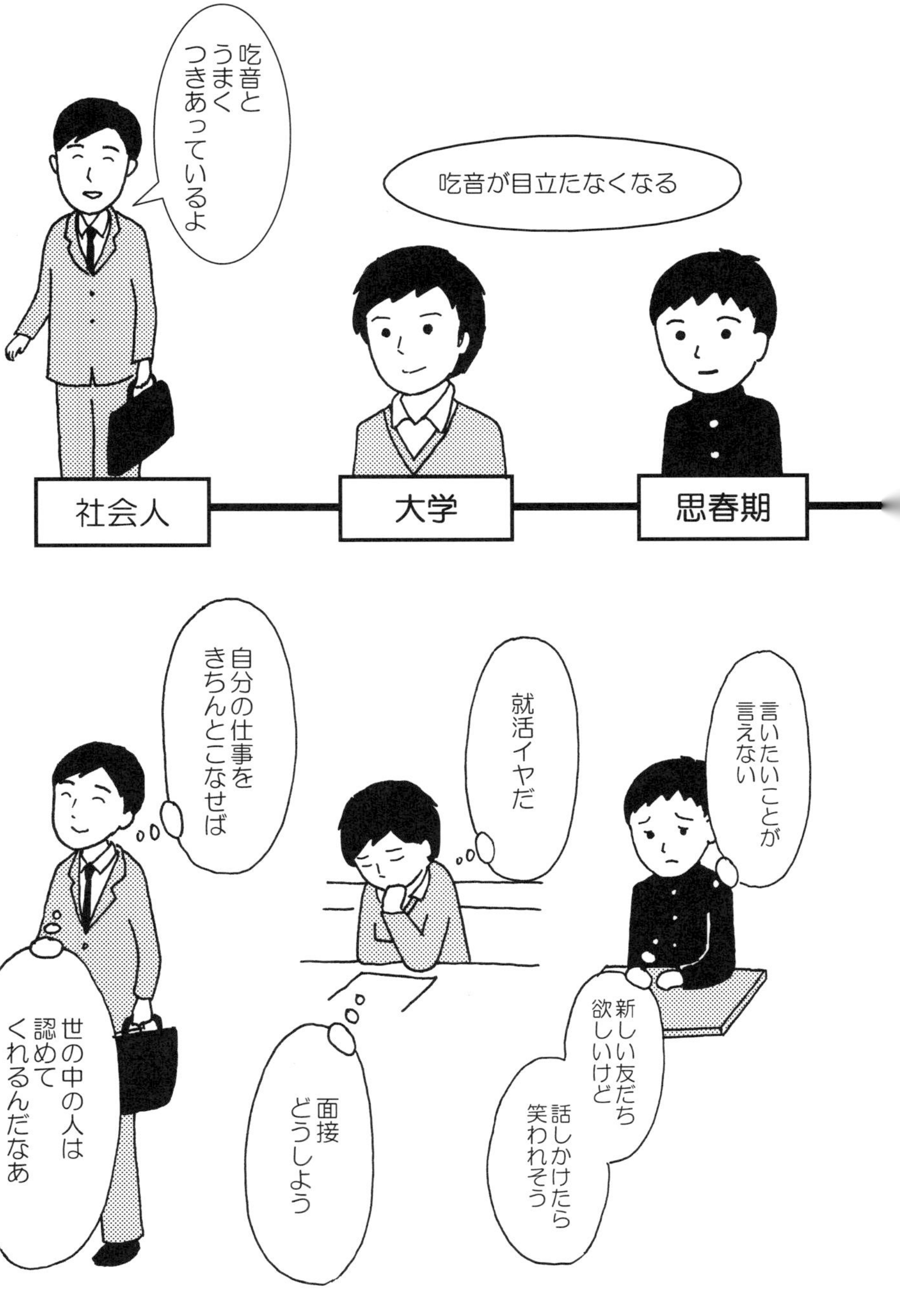

吃音とうまくつきあっているよ
吃音が目立たなくなる
社会人
大学
思春期
言いたいことが言えない
新しい友だち欲しいけど
話しかけたら笑われそう
就活イヤだ
面接どうしよう
自分の仕事をきちんとこなせば
世の中の人は認めてくれるんだなあ

まとめ

吃音は、どもる時と、どもらない時があるものです。話し始めのタイミング障害とも言えます。しかし、その吃音を変えることは難しく、周りの大人が正しい知識を得ることが、大切になります。

2 原因

怒った次の日から吃音が始まった……

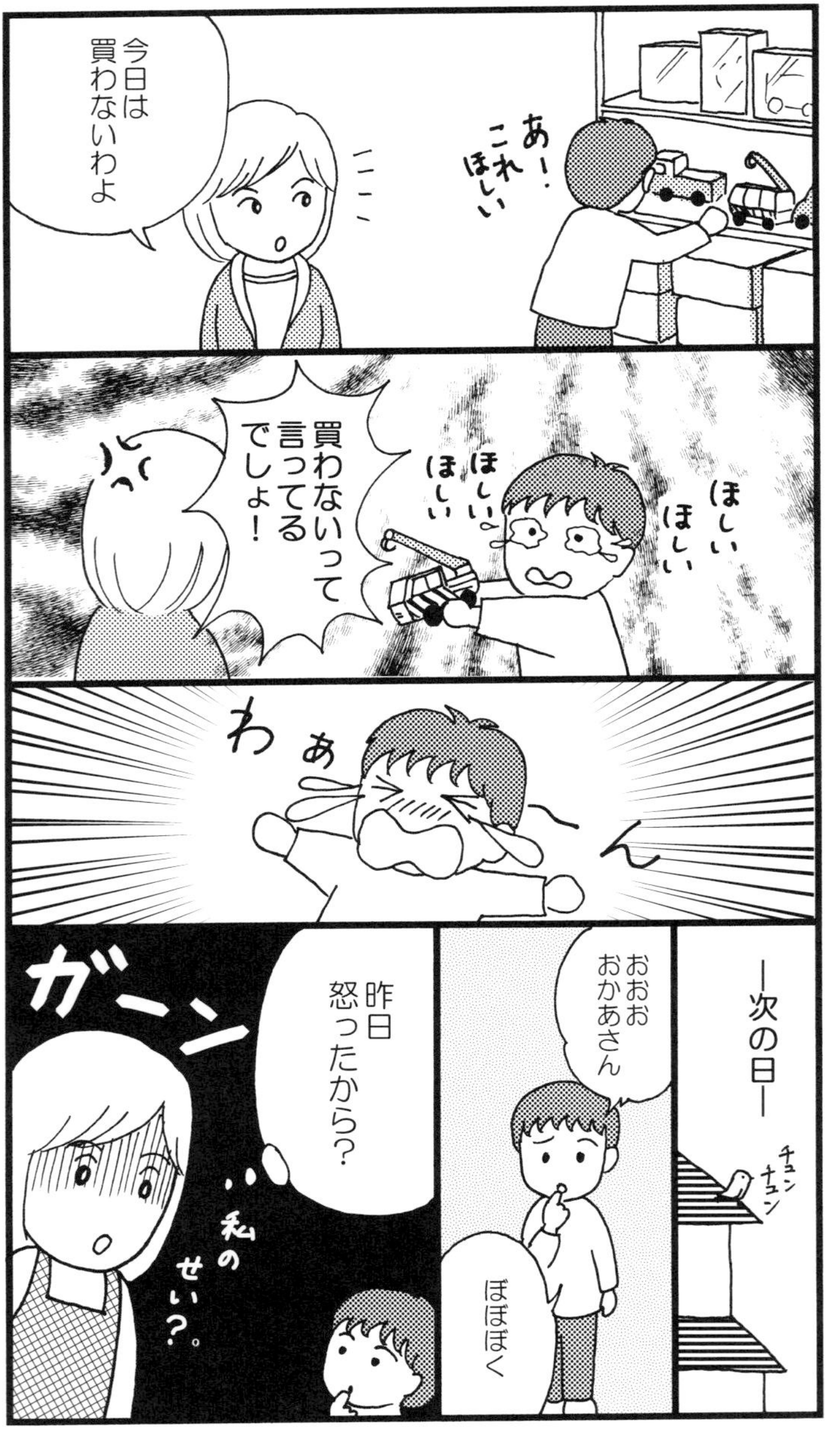

約4割の吃音は急に始まる

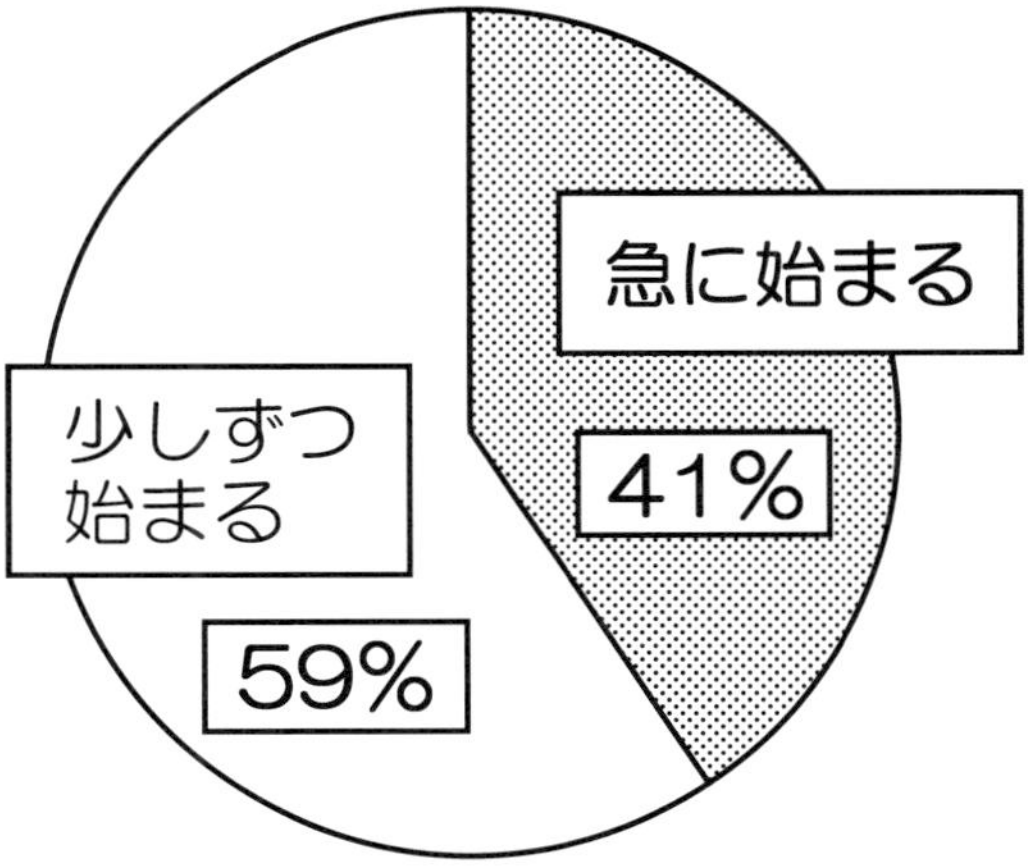

吃音の原因に心当たりのある親御さんは多いと思います。しかし、そのほとんどが本当の原因とは言えないでしょう。約4割の吃音は急に始まるというデータがあります。その前日に起きたイベント、子どもを預けたこと、怒ったこと、甘えさせてあげなかったことなどに原因と関連づけている親御さんがいます。

「吃音は急に始まる」が多いことを知ることが、不要な罪悪感を減らす一助となるかもしれません。

●愛情不足が吃音の原因？

下の子が生まれてから・・・
ママ ママ
ちょっと待って
だっこ だっこ
ママー あのね
シー
起きちゃう
吃音が始まってしまいました
ママ おお おやつ ああ ある？
さびしい思いをさせたからでしょうか？
私のせい？

●吃音の始まる年齢

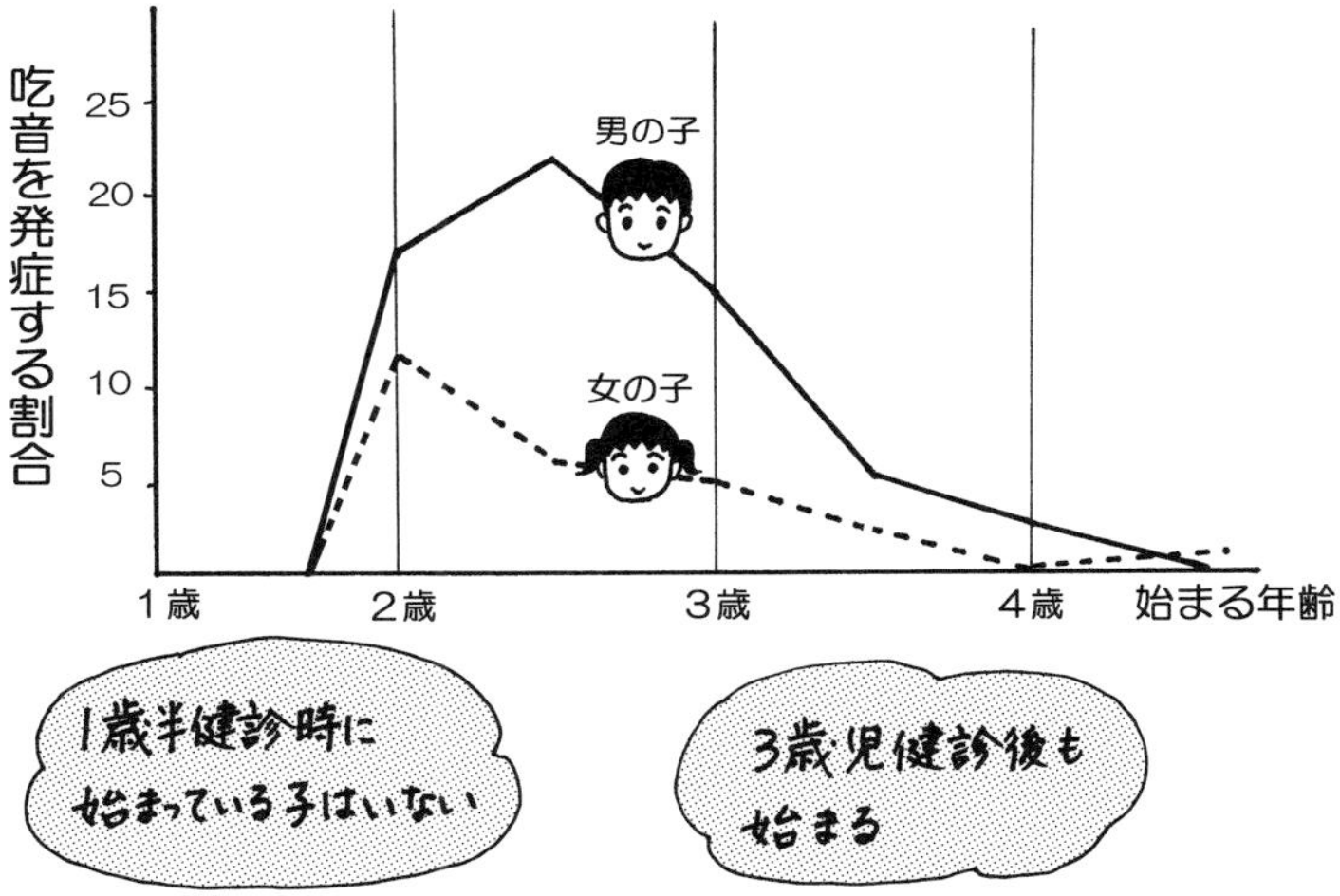

吃音は2歳から5歳の間に始まるのが一般的です。特に、2、3歳は、弟や妹ができることの多い年齢です。インターネットでは、「弟や妹が生まれて愛情不足だから」という記述もあり、自分自身に当てはまる母親は罪悪感を感じてしまうようです。

一人っ子政策をしていた中国では、「吃音になる子が減った」という報告はありません。つまり、「弟や妹」が生まれることと、吃音が始まることは関係ありません。一人っ子でも吃音のある子は多くいます。私は「下の子もお母さんも悪くないですよ」と伝えています。

●母親の孤独

育て方のせいでは
かわいそうに
親のせいじゃない？
ヒソ
うちの子にうつらないかしら
ヒソ
お前のせいだろ
いつも怒ってるし
園では気にならないですよ
うううううう
なんでそんな話し方なの？
?
様子をみましょう
お子さんのストレスをへらすように

吃音について調べると、インターネット上には、古い情報と新しい情報が混在しています。

そのため、多くのお母さんが混乱しています。

なぜ、吃音の情報は入り混じっているかと言うと……

●吃音の誤解の歴史

1930年代

「左利き矯正説」を発表

吃音は左利きを矯正すると発症
治療は左利き矯正をやめること

1940年代

「診断起因説」を発表

親が子どもの未熟な話し方を「吃音」と決めつけ、意識させた
治療は吃音を意識させないこと

後に関係ないことが証明されている

親が原因

セラピスト達

親の接し方が悪い

意識させないように

偉大な専門家の影響を受ける

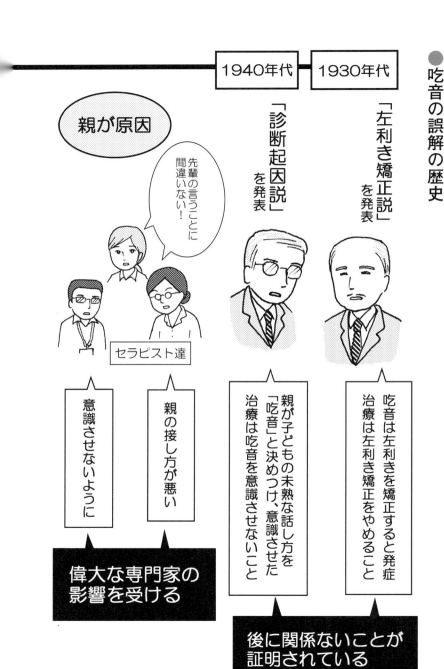

2 原 因

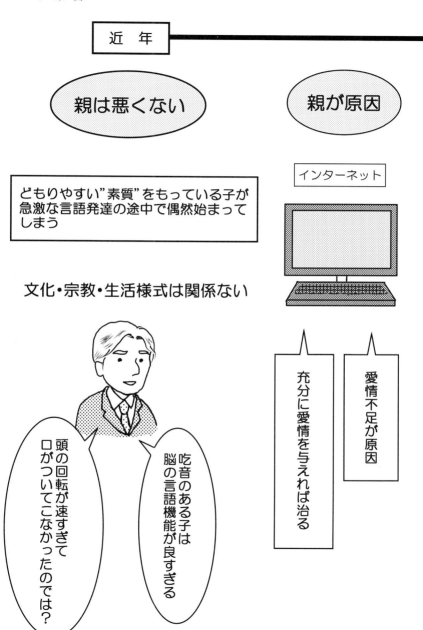

近 年

親は悪くない

親が原因

インターネット

どもりやすい”素質”をもっている子が急激な言語発達の途中で偶然始まってしまう

文化・宗教・生活様式は関係ない

愛情不足が原因

充分に愛情を与えれば治る

まとめ

親が吃音の原因と思われていた歴史があったことを知ってください。その誤解や偏見は間違っています。最新の吃音の原因論では、子どもの言語発達の急激な頃に、たまたま生じる副産物であると言われています。

3　周囲への理解

友だちに真似される

●友だちに真似されたら

年中（5歳）くらいになると、周りの友だちが吃音に気づき、真似をし始めます。まずは、いつも遊んでいる友だちに真似されますが、友だちも悪気があって真似しているのではありません。そのため、大人が教える必要があります。「わざとじゃないから、真似しないでね」とその場では説明して、幼稚園の先生、または親が知り合いであれば、吃音のことを伝えておくことが必要となります。

ひろ君
わざと
じゃないから
まね
しないでね

友だちに指摘される

おじゃましまーす
いらっしゃい
よぉ！
ぼぼぼくもしししたい
ピッピッ
ピッピ
ケン君どうしてそんな話し方なの？
？
う～ん
何て言おう

●友だちに指摘されたら

「これがこの子の話し方だよ」「わざとじゃないよ」と説明する大人の姿を子どもは見ています。大人が説明できなければ、子どもは説明できません。友だちの親にも伝えましょう。

●園の先生から、「どもってないですよ」と言われる

●長く話すと増加する吃音

大人に真似される

先生も君たちと同じ一年生なんだ
ヨロシク
せんせーい
けけけけしゴムわすれました
ワッハッハ
けけけけ! そんな緊張することないぞ!
けけけ けけけ
けけけだって
プッ
リラックスリラックス

●先生への伝え方

吃音は伝えないとわかってくれないものです。先生といえども、最新の吃音の知識があるとは限りません。先生の誤った対応を指摘すると、「知らなかった」と言われることがよくあります。誤解されやすい吃音だからこそ、子どもが新しい環境に入る時、吃音の知識・対応を正しく伝えることが、子どもを誤解から守ることになります。学校だけではなく、習い事や部活の先生にも伝えてみましょう。

●祖父母から「なんとかしないと」と言われる

●祖父母から「あなたのせいじゃないの」と言われる

●祖父母への理解の進め方

吃音の有名人

「吃音が治らないとかわいそう」という祖父母に、吃音の有名人の話をすることが多いです。イギリスの王様、昔の日本の総理大臣、現在アナウンサーで活躍している人だけではなく、警察官、消防士、救命救急士、医師や看護師、公務員などありとあらゆる職業についている吃音者がいます。吃音＝不幸な子ではありません、周りに恵まれれば仕事につけ、結婚もでき、人生まっとうできている吃音者はたくさんいます。幼いうちから良い環境作りを考えていくことは重要となります。

きょうだいにからかわれる

きょうだい、それぞれの気持ちを聞いてあげましょう

●きょうだいからの指摘

●いつきょうだいに伝えるか

いつも一緒にいるきょうだいなので、伝えるタイミングが逆に難しいとは思います。そのため、きょうだいが話し方に興味をもった（真似や指摘をする）時に説明してあげてください。

私は男3人兄弟の真ん中でしたが、弟は私が成人して吃音の活動をしているのを知って、初めて「兄の話し方は普通と思っていたら、実は吃音だったんだ」と気づいたようです。吃音のために病院受診をする時などは伝えるタイミングの一つだと思います。

わざとじゃないのよ
これが
おにいちゃんの
話し方なんだよ
ふーん

子どもが話せなくてイライラする

きょうだいがいる家庭では、一人ひとりの子どもが話す時間を十分に確保できないと思います。たまに、「この子はしゃべらない」と決めつけている親がいますが、しゃべりたい気持ちがない子はいません。吃音が増加しても、話したい気持ちは十分にあるはずです。「順番に話す」「待っていた子の話を聞く」などの工夫によって、話す意欲を育てることが可能です。

おかあさん同時にお話しされると困っちゃう
かわりばんこにしようね
おねえちゃん
うん
ぼく
うん
いもうと
そそそれでね あああしたね
うん うん
ママー きいて！
順番だから あとで きくね
ガッカリ
おねえちゃん さっきは なんだったの？

そそそれでね あああしたね
うん うん
ママ！ ママ！
きて きて はやく！
ママ はやく！
ぎゃあ ぎゃあ
さっきの話の 続き きかせて

吃音《きつおん》とは

吃音《きつおん》の主な症状は次の３つです。

ことばがつまる	ことばの引き伸ばし	ことばのくりかえし
難発	**伸発**	**連発**

よくある誤解

- 愛情不足
- ストレス
- 幼児期のトラウマ
- 親の接し方が原因

よくない対応

- 話し方のアドバイスをする

（例）もっとゆっくり
　　　落ち着いて　もう一度

- 話し方に注目する

吃音《きつおん》のある子への接し方とお願い

- まねやからかいを見つけたら、注意をお願いします。
- 話し始めるのに、また、話し終わるまでに時間がかかることがあります。あせらずにゆっくり接してください。

吃音《きつおん》のある子どもとその保護者には、
周りの理解と温かい支援が必要です。
みなさまのご理解をお願いします。

一般向け理解資料

出典：菊池良和著『子どもの吃音　ママ応援 BOOK』学苑社

●吃音のことを伝える

★習い事の先生へ

★ママ友へ

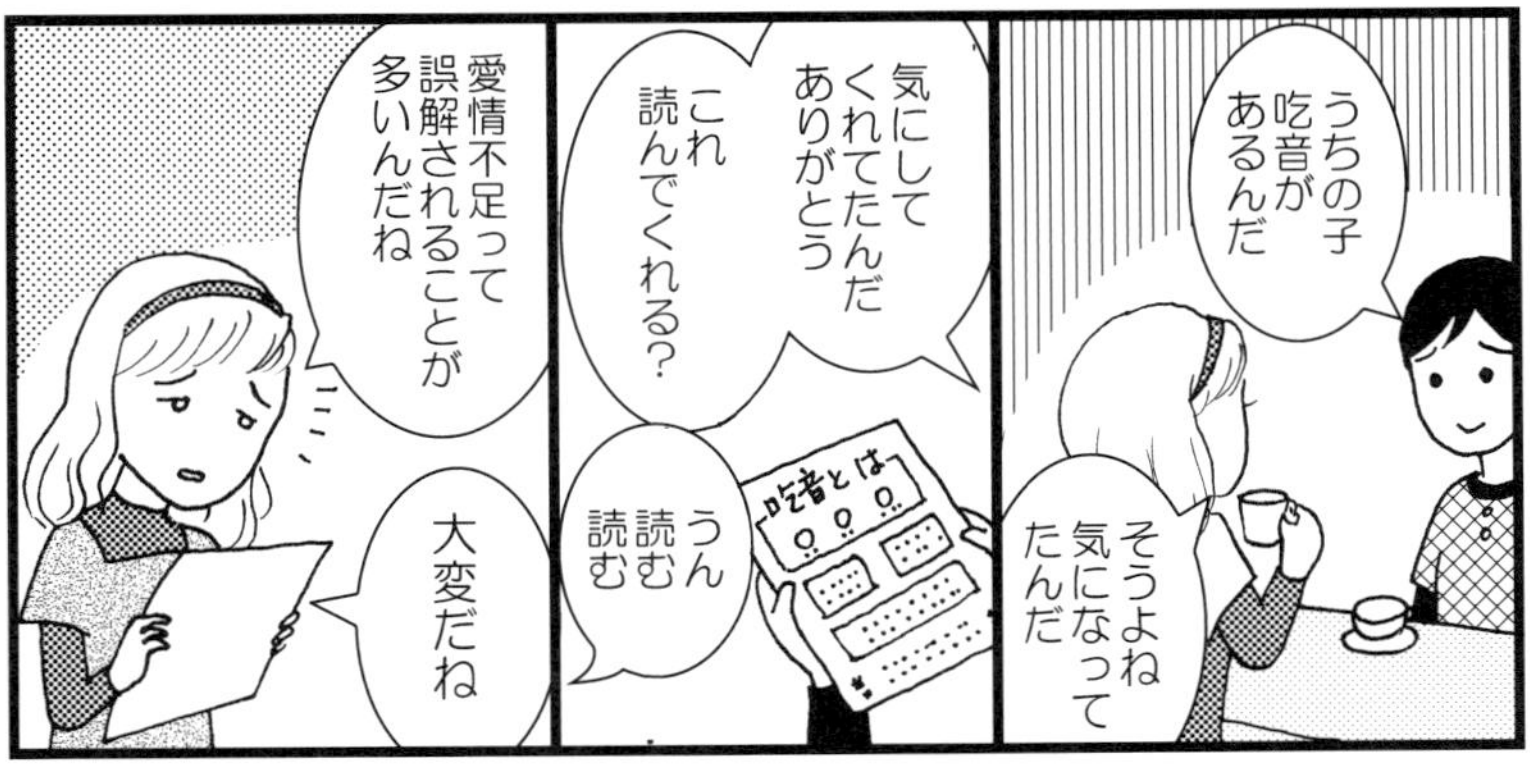

★幼稚園・保育園へ

116ページの資料

どうして
そういう
話し方なの？

自分でも
どうして
そうなるか
わかりません
同じことばでも
スラスラ
言える時も
あれば
言えない時も
あります

わざとでは
ありません

話している時
みんなが
笑うと
とても
はずかしいです

話し方を
まねされると
とても
つらくなります

話し終わるまで
待ってくれると
うれしいです

困っている時
助けてくれると
うれしいです

出典：菊池良和著『子どもの吃音　ママ応援 BOOK』学苑社

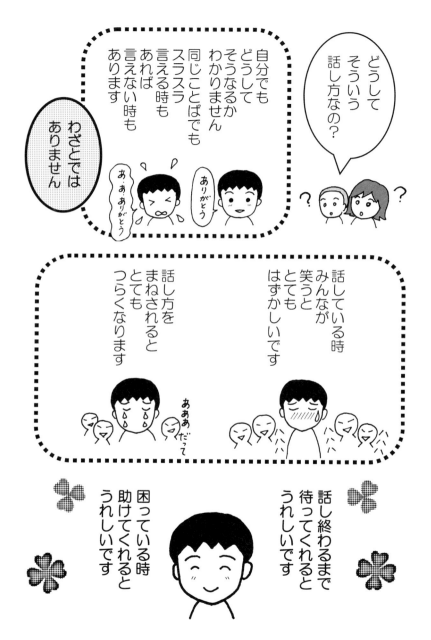

●クラスメートへの理解は子どもに相談

※　クラスで説明する時、本人がいる方がいいかいない方がいいかも確認しましょう

●新しい環境には、前もって準備する

ポイント！
口頭だけでなく
資料を活用しましょう

習い事の先生に説明する
まねやからかいを見つけたら注意をお願いします
これプリントです

子どもとロールプレイをする
小学校に入って笑われたりまねされたら
すぐにママに教えてね
うん
「どうして？」ってきかれたらなんて答えようか？
「ぼくもわかんないわざとじゃない」ってこたえる

入園・入学後にできること

懇談会
みなさん順番に一言ずつお願いします
うちの子アレルギーがあるのでよろしくお願いします
次
ドキドキ
池田
林
うちの子時々どもる吃音があるんですが
うちの子の話し方について聞かれた時は「わざとじゃない」と、伝えていただけたらうれしいです
プリント見ていただけたらうれしいです
フムフム
このようにプリントで伝えた方が印象に残り
あとで「知らなかった」とならなくていいですよ
プリントを配る前に先生に確認しましょう

まとめ

まず親にできることは吃音の正しい理解について、周囲に知ってもらうことです。そして、子どもがのびのびと話せる環境作りをすることです。子どもは成長とともに、園・学校の小さな社会の一員となります。その時期に周囲に認められることが、大人の社会に入っていく自信へとつながります。

4　子どもの吃音と向き合う

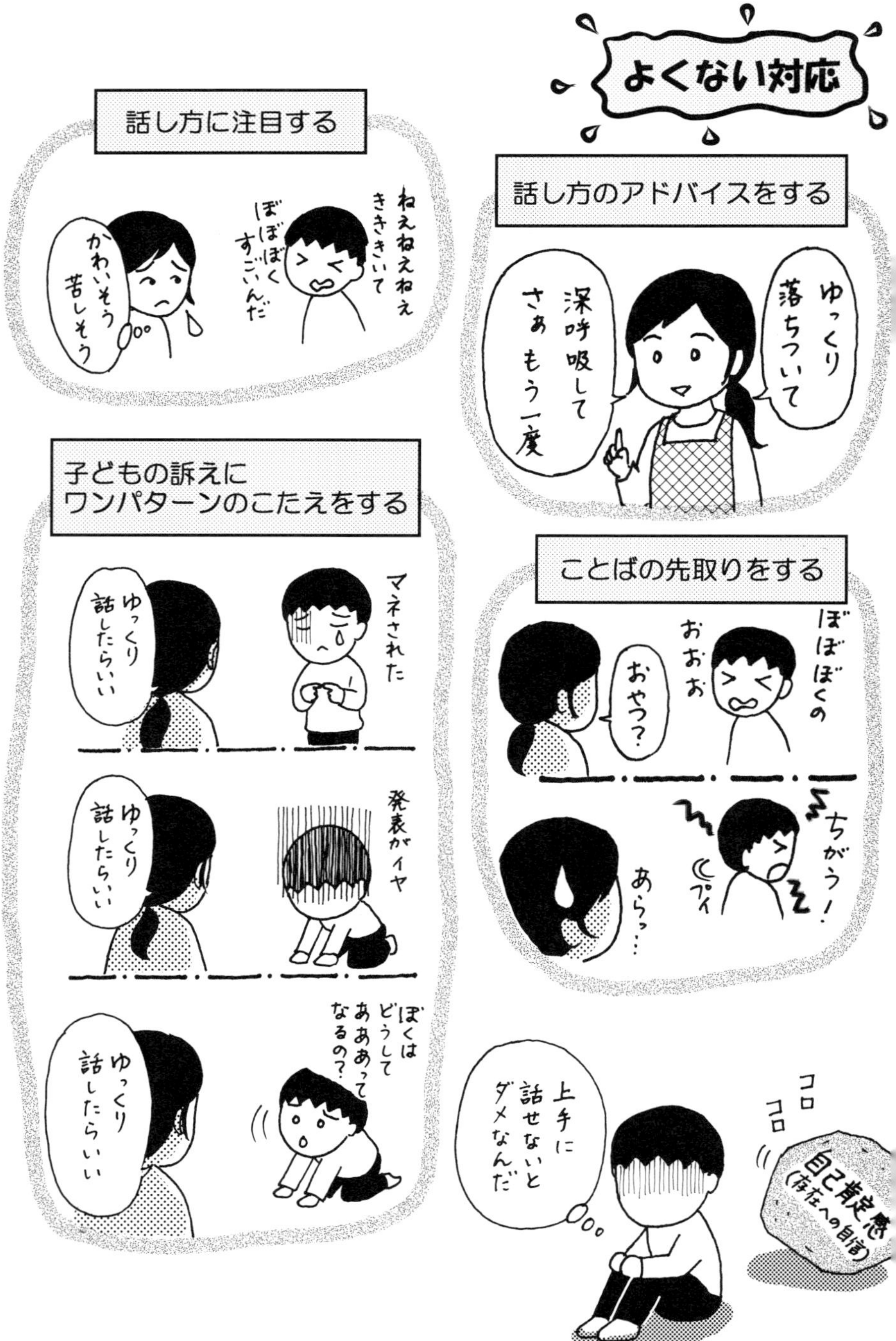

よくない対応
話し方のアドバイスをする
ゆっくり落ちついて
深呼吸してさぁもう一度
話し方に注目する
ねえねえねえききききいてぼぼぼくすごいんだ
かわいそう苦しそう
ことばの先取りをする
ぼぼぼくの
おおお
おやつ？
ちがう！
プイ
あらっ…
子どもの訴えにワンパターンのこたえをする
マネされた
ゆっくり話したらいい
発表がイヤ
ゆっくり話したらいい
ぼくはどうしてあああってなるの？
ゆっくり話したらいい
上手に話せないとダメなんだ
コロコロ
自己肯定感（存在への自信）

よい対応
話を聞く
ねぇねぇねぇ
きいて
ぼぼぼく
すごいんだ
うん
うん
話す内容に
注目する
とととびばこ
5段
とべたんだ
5段も!
すごいすごい
パチパチ
先生からも
ほめられたんだ
伝わった
うれしい
自信を育てる
よく
がんばってるね
プロセスをほめる
吃音以外の
よい所にも目を向ける
字
ていねいだね
よし!
自己肯定感
(存在への自信)

よくない例の悪循環

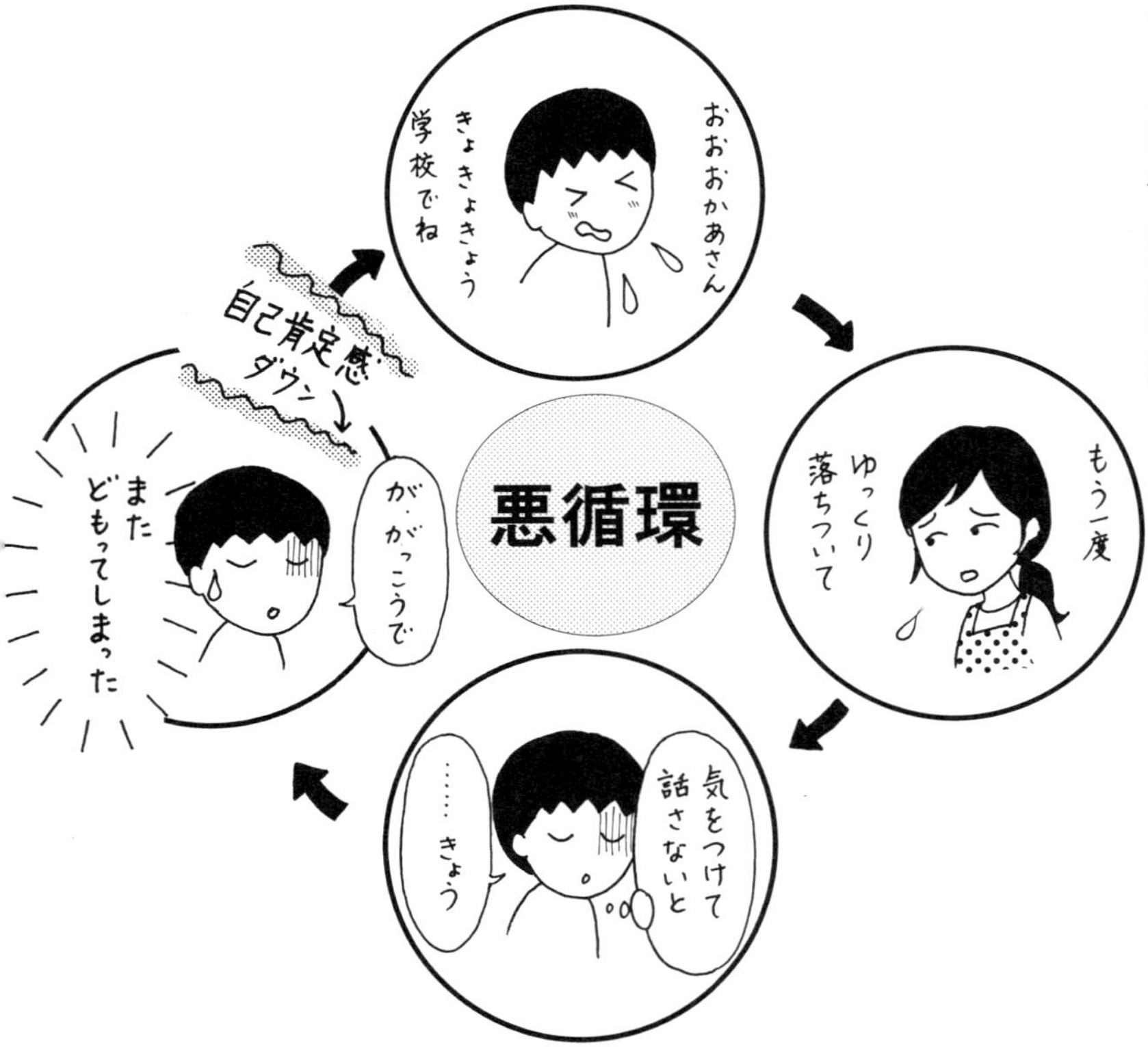

悪循環
おおおかあさん
きょきょきょう
学校でね
もう一度
ゆっくり
落ちついて
気をつけて
話さないと
……
きょう
が、がっこうで
また
どもってしまった
自己肯定感
ダウン

コロ
コロ
自己肯定感
(存在の自信)
ゆっくり
話して
もう一度
言ってごらん
ほら
深呼吸して
失敗して
ばかり……
ぼくは
ダメなんだ
ヨロ〜

●よい例の好循環

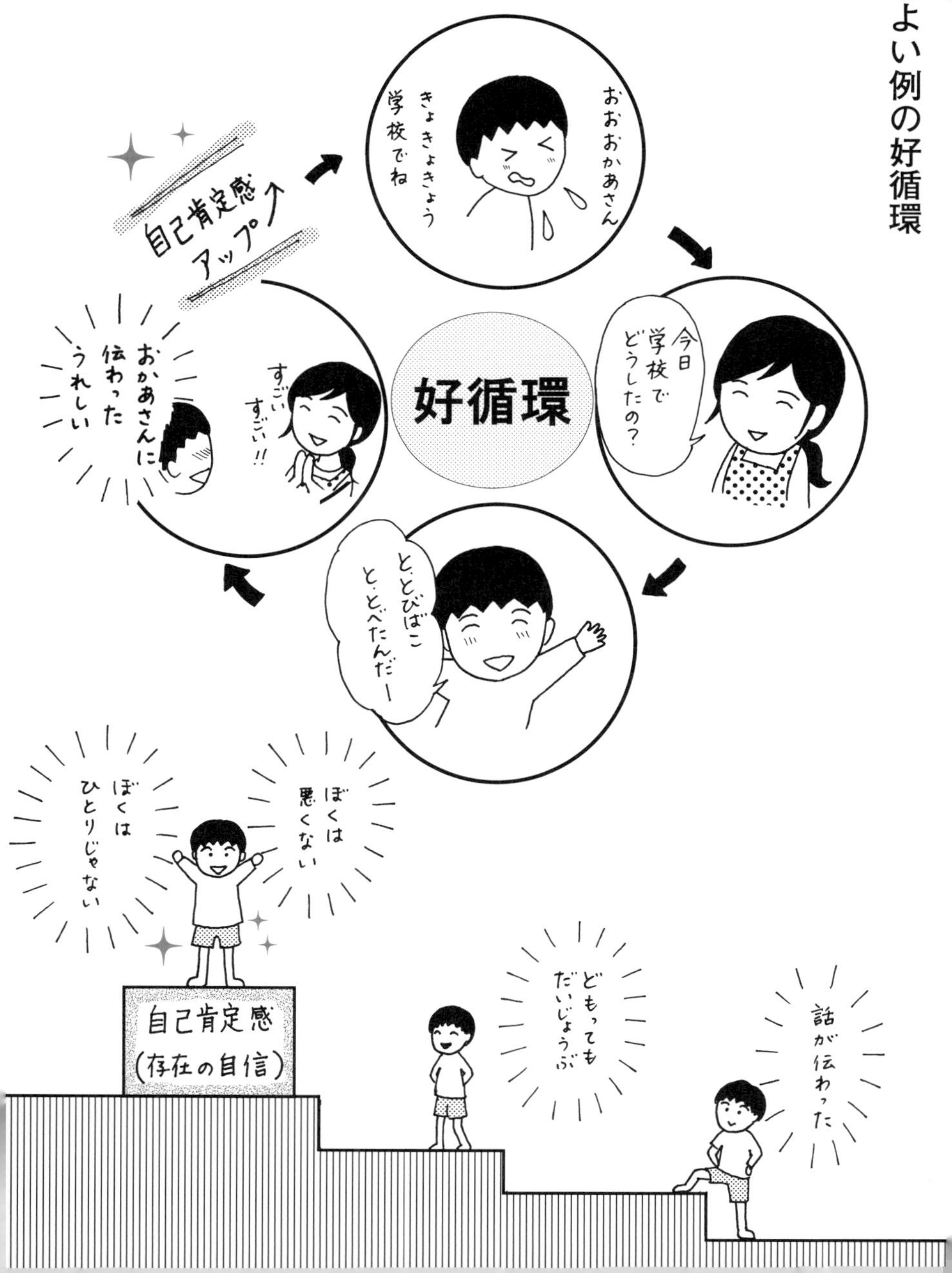
好循環
おおおかあさん
きょきょきょう
学校でね
今日
学校で
どうしたの?
と、とびばこ
と、とべたんだー
すごい
すごい!!
おかあさんに
伝わった
うれしい
自己肯定感
アップ↗
ぼくは
悪くない
ぼくは
ひとりじゃない
自己肯定感
(存在の自信)
どもっても
だいじょうぶ
話が伝わった

●歌うように、話す？

「歌ではどもらない」けれど、実際にそれを子どもに試しても、うまくいきません。「ゆっくり」「落ち着いて」とともに、話し方のアドバイスではなく、話の中身に注目してあげてください。

「せーの」とタイミングを合わせるアドバイスをする？

吃音は最初のタイミングが合わないのです。「せーの」の声かけで、どもらないときもあるかもしれませんが、常にどもらない訳ではありません。他の話し方のアドバイスと同様に、効果があるとは言えません。

●一緒に言えばいい？

園や学校で発表する際に、苦手感・恐怖心を和らげる支援策として、斉読《せいどく》（一緒に同じことばを言う）があります。「子どもの吃音がかわいそう」という罪悪感のある親は、なんとかして、自分の前ではどもらないような工夫をします。しかし、親は自分の前のことよりも、対人関係（特に親がいない時）の中での子どもの吃音を考えておかなければなりません。

●子どもは親ほど嫌なことを覚えていない

母親は吃音に関するいろいろな嫌な場面に遭遇し、トラウマに感じている人もいます。「また、真似されているのではないか」と身構えてしまいますが、大切なのは子どもの記憶です。

子どもは忘れっぽく、子どもは強いのです。子どもと一緒に成長していきましょう。

●子どもに「どうしてこんな話し方になるの？」と聞かれたら

吃音は2、3歳頃に始まっているのに、年長または小学1年生の頃に、子どもから「どうして、あ、あ、あ、ってなっちゃうの？」と急に聞かれることがあります。親としては、「吃音に気づいてしまったのか」とドキッとする瞬間ですが、吃音をオープンに話すきっかけとなりますので質問には答えましょう。私は「頭がいいからだよ。頭の回転が速すぎて、口がついてこないからだよ」と伝えると、子どもはほめられたと思って、笑顔になることもあります。最新の研究でも、吃音を発症する子は言語機能が良い子が発症するデータが示され、急激な言語発達にたまたま生じる副産物とも言われています。

●子どもからの質問は「からかい」のサイン

そもそも、自分で質問を考えついたというよりは、周りの人から同じ質問をされて、答えがわからなかったから、親に教えてほしいと思って質問をしたのです。からかいが始まっているサインと思い、嫌な思いをしているならば、先生と連携を取ってください。

●突然「話せない」と言う

ただいまー
お、お、お
おかあさん
ぼ、ぼ、ぼくね
つらそう・・・
た、た、たいいくの
じ、じ、じかん
いつもより
調子悪いわね
・・・・・・
話せない!
プイッ
えっ?
オロオロ
どうすれば
いいの?

●「話せない」と言われたら

一部の子どもが親の前で「話せない」ということばを言うことがあるそうです。吃音の頻度が多かったり、難発性吃音の始まりの時に発せられることばのようです。子どもが「話せない」ことにビックリしたのだと思います。まずはそのビックリしたことに、「よしよし」と抱きしめてあげてください。

「このまま話せなくなるのでは？」と親は心配しますが、園・学校で吃音のからかいがないか、先生に再度確認をした方がよさそうです。ただ、たいていの場合は、次の日には子どもはケロッとしています。

●学校のことを本人とオープンに話しましょう

吃音が増えた時の3つの質問

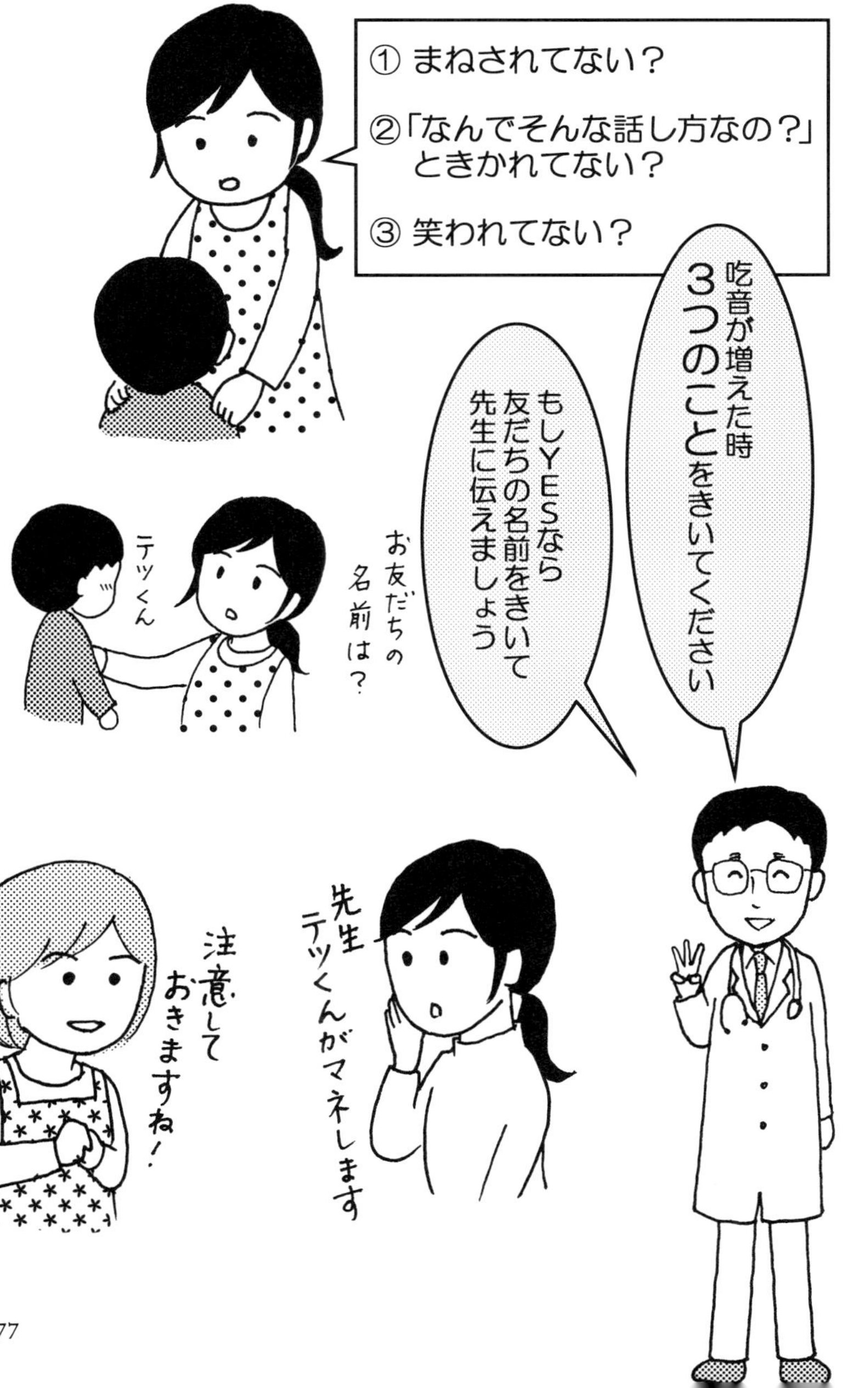

母親の心理の5段階

この本を手に取られているお母さんは、わが子が吃音になってショックを受け、そのうち治るのではないか（否認）という気持ちを抱いていると思います。ネットに書いてあるようにいろいろ頑張ったけれど、「なんで治らないの？」と腹立たしい気持ちになったり、私のせいだと自分を責めたりするかもしれません。その迷いの時期は誰でもあるものなのです。子どもが生き生きと園・学校に適応できている姿を見ることによって、初めて親は安心することができるのです。吃音とうまくつきあい、向き合っていくことを考え、子どもが生きやすいように啓発行動ま

ショック
ガーーン
吃音になってしまった
否認
いや吃音じゃない
ブン
ブン
そのうち治るだいじょうぶ
怒りと悲しみ
なんで治らないの？
私のせいだわ
これからいじめられたら…
将来どうなるの？

で頑張るお母さんもいます。

私が言えることは、「母親は悪くない」「わが子が吃音でも母親は自信もっていいよ」ということです。母親が自信をもつことで、子どもも自信をもてるはずです。

まとめ

この本に書いてあるように、子どもの吃音に向き合うことは簡単にできないかもしれません。子どもの吃音と向き合うのは、母親だけではなく、父親の役割も大切です。身近な父親にも受け入れられることにより、子どもは自信をもつものです。

5 吃音を相談する

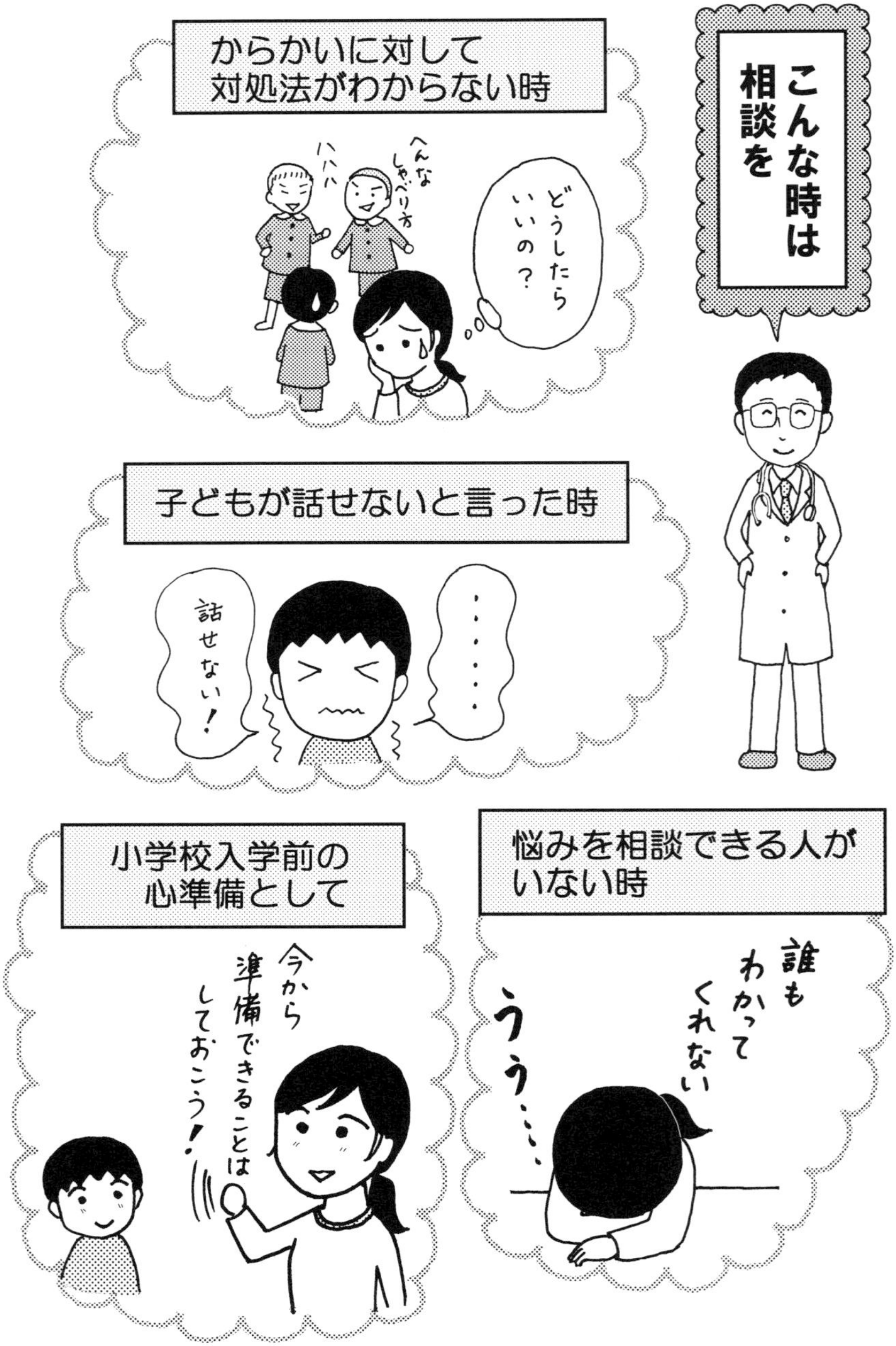
こんな時は相談を
からかいに対して対処法がわからない時
へんなしゃべり方
ハハハ
どうしたらいいの？
子どもが話せないと言った時
……
話せない！
悩みを相談できる人がいない時
誰もわかってくれない
うう…
小学校入学前の心準備として
今から準備できることはしておこう！

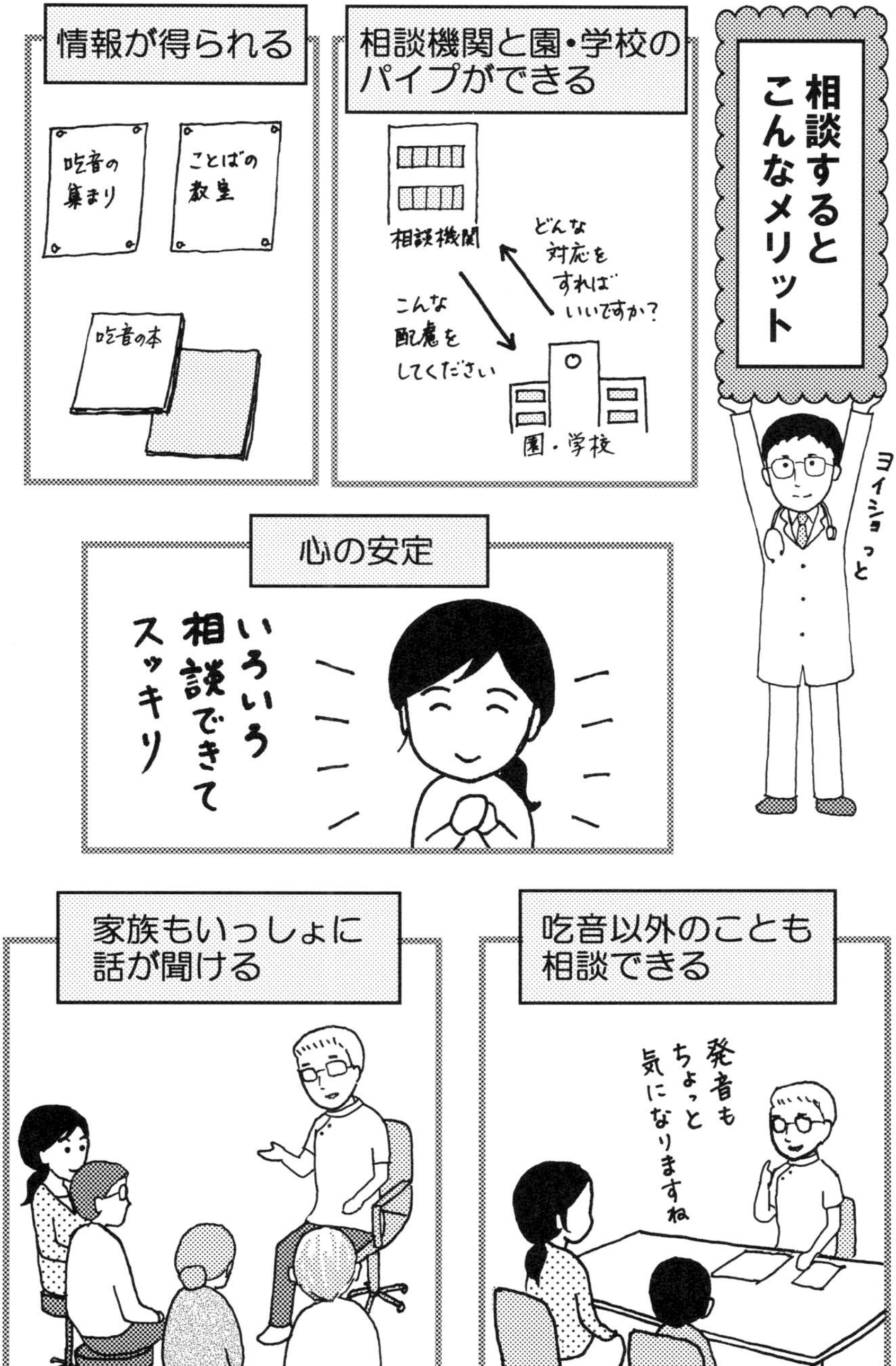
相談するとこんなメリット
ヨイショっと
情報が得られる
吃音の集まり
ことばの教室
吃音の本
相談機関と園・学校のパイプができる
相談機関
どんな対応をすればいいですか？
こんな配慮をしてください
園・学校
心の安定
いろいろ相談できてスッキリ
家族もいっしょに話が聞ける
吃音以外のことも相談できる
発音もちょっと気になりますね

●吃音の相談機関

吃音の相談は「言語聴覚士」のいる病院・施設が担当します。こども病院、療育センターなど、各県により異なりますので、各県の言語聴覚士会のホームページで検索、問い合わせてください。

日本言語聴覚士協会のホームページ（https://www.jaslht.or.jp/）では、「施設検索」という項目があり、対象領域で「1：小児言語・認知」で検索すると、おおよその該当施設が検索できます。個別に「吃音の相談を受けていますか？」と聞いてみるとよいと思います。もし、その病院で吃音の相談を受け付けていなかったら、「どこの病院で吃音相談を受けられるか教えてください」と尋ねるとよいでしょう。

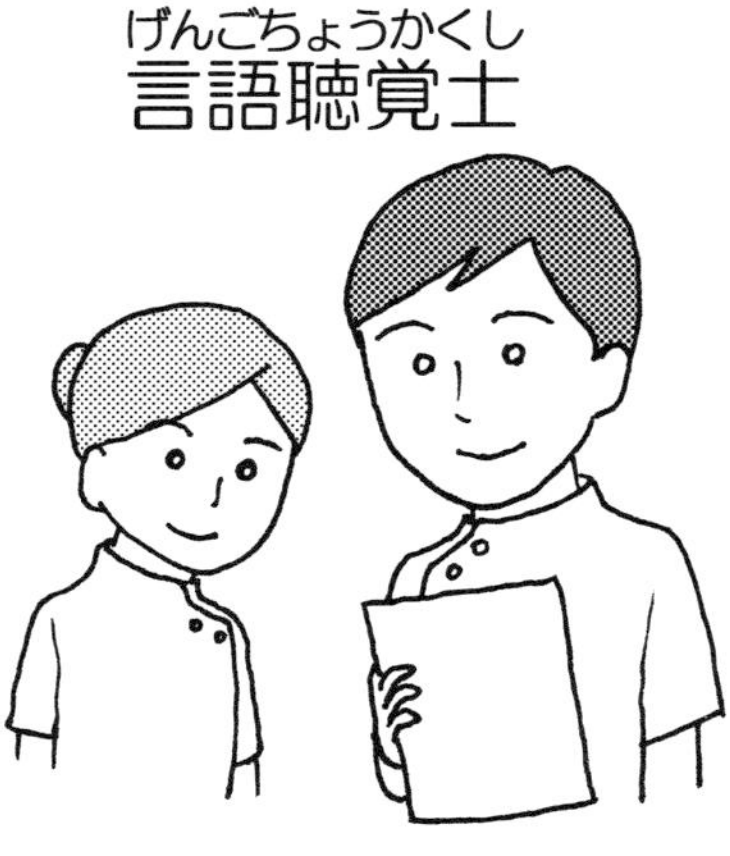

小学校併設のことばの教室の特徴

小学校併設で通級となります。約半年前に申し込みが必要です。

在籍校とのパイプができる

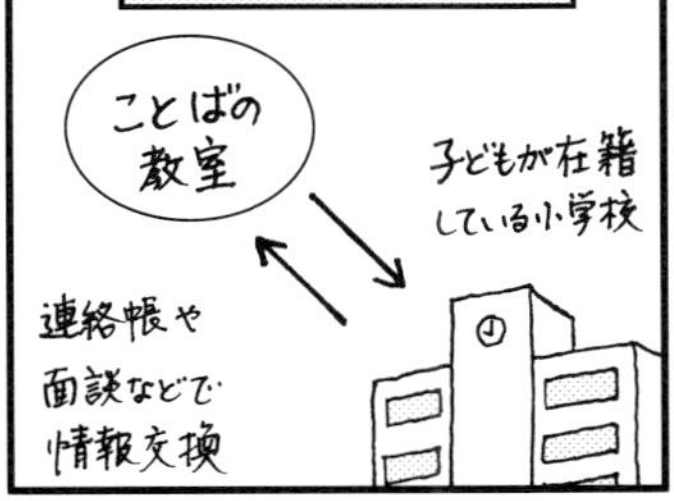

1人を大切にする

吃音の勉強ができる

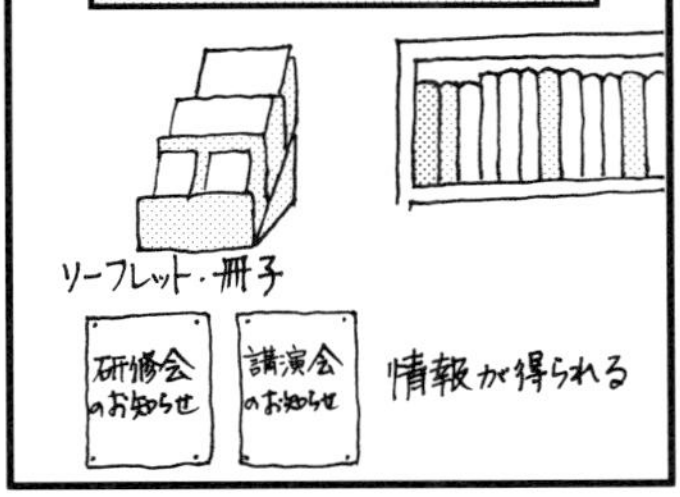

親も相談できる

- ことばの教室は教育機関なので **無料** で **学校が欠席にならない** です。
- **幼稚園・中学校に併設** している地域もあります。

ワンポイントアドバイス！

- ことばの教室は毎年「終了or継続」の判断が必要となる。
- 吃音は長く付き合っていかないといけないもの。親が正しい知識をもち、子どもが学校生活上、うまくいっていれば、「終了」としてもよい。
- 「終了」となる時に、先生に「今後も何かあったら、相談に乗ってくれますか？」と確認するのもよい。

吃音は話し方の訓練をしない？

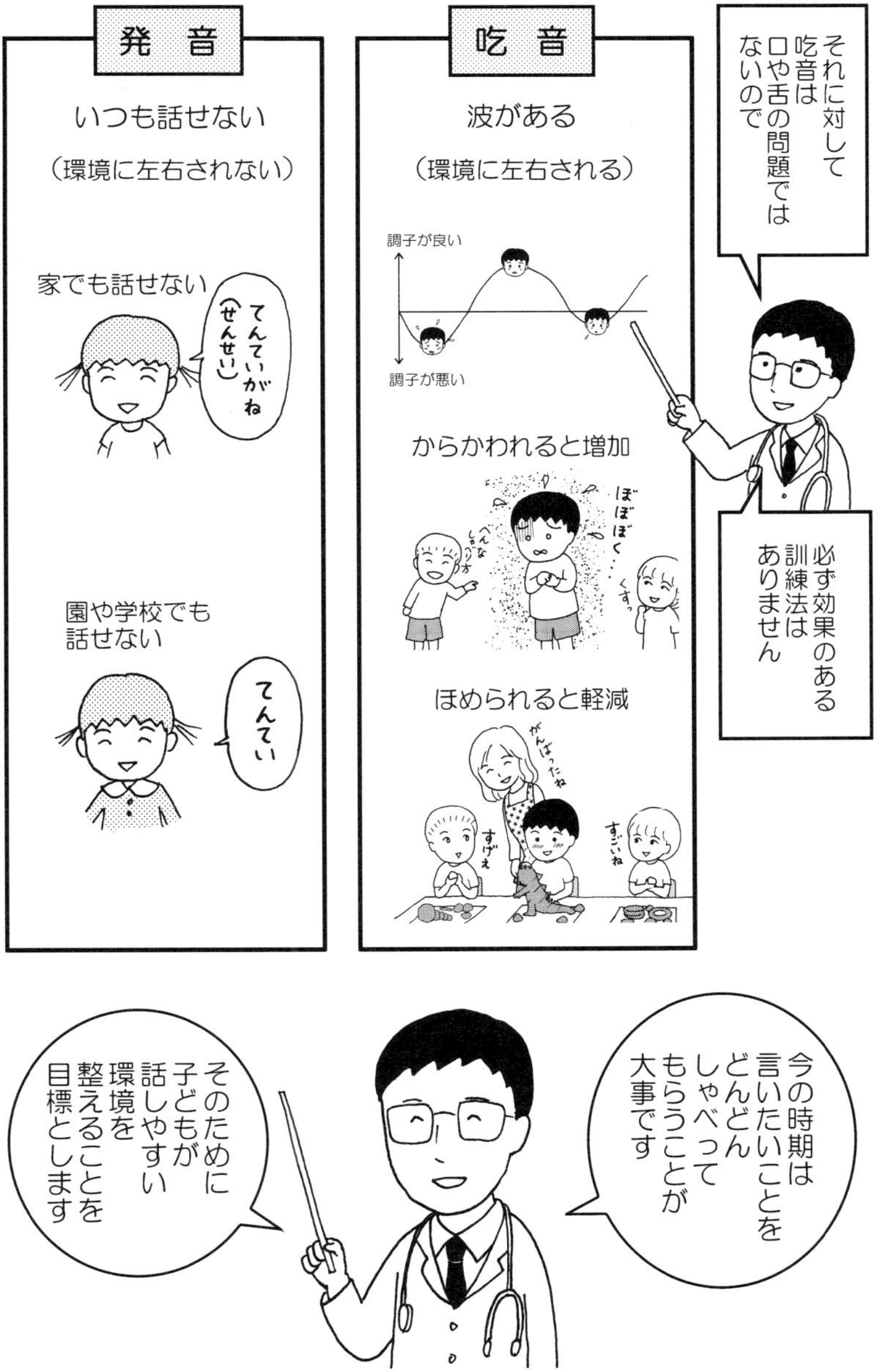
発音
いつも話せない
（環境に左右されない）
家でも話せない
てんていがね（せんせい）
園や学校でも話せない
てんてい
吃音
波がある
（環境に左右される）
調子が良い
調子が悪い
からかわれると増加
ぼぼぼぼく…
くすっ
ほめられると軽減
がんばったね
すげえ
すごいね
それに対して吃音は口や舌の問題ではないので
必ず効果のある訓練法はありません
今の時期は言いたいことをどんどんしゃべってもらうことが大事です
そのために子どもが話しやすい環境を整えることを目標とします

相談に行く前に準備しておきましょう

①これまでの経過
吃音について知っていること
質問事項をまとめる

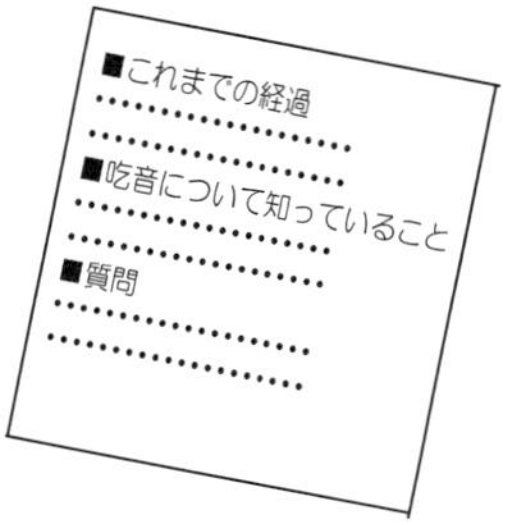
■これまでの経過
■吃音について知っていること
■質問

②ビデオを用意しておく

子どもが話している
様子を撮影
スマートフォンの
動画でもいいよ

③前もって子どもに伝えておく

④夫・祖父母がいっしょに行ける日にちを確認しておく

吃音相談室の様子

なかなか病院に行けない人のために、私の吃音外来の様子を紹介します。

3才の子 の吃音相談

※私は時間がある時に電話をかけています

診察当日
こんにちは
いつもはたくさん話すんですが
いつもの話し方を見せてください
連発 伸発が主体ですが
みんな病院に来るとこんな感じです
おおお
おーかあさん
まず吃音について説明しますね
ーー以上ですが
質問はありますか？
私が原因と思ってました
吃音は正しい知識が必要です
半年ごとに経過を見せてくださいね
途中で困ったことがあったらメールください

6才(年長)の子の吃音相談

くりかえしたり
詰まることある？
うん
それって吃音って言うんだ
きつおん
まねされたり「なんでそんな話し方なの？」って言われる？
うん
誰に言われるの？
はなちゃん
わざとじゃないもんね
君は悪くないよ
知らないから先生から教えてもらおうね
からかいがあるので
2ヶ月後になくなっているか確認させてください
先生に渡すプリントです
幼稚園・保育園の先生へ
わからない時はメールください

小学1年生の吃音相談

こくご
……言えない
ことばの先生の所に行こうね
ビデオと経過疑問点を書いてきてください
初回は話を聞きたいご主人や祖父母もいっしょにどうぞ
診察当日
ことばが詰まることあるよね?
うん
それって吃音って言うんだ音読が苦手なの?
うん…声が出ない
じゃあこの文章を
おじいさんが、かぶの
たねを まきました。
「あまい あまい か
なれ。 大きな 大き
かぶに なれ。」
私の声を聞きながらいっしょに読んでみよう
どうだった?
詰まらなかった

吃音ってふしぎだね
でもわざと声が出ないのではないもんね
うん
まねされたり指摘される?
うん
うれしい?
ブンブン
笑われないように学校の先生から伝えてもらおうね
うん
ご家庭でも本人が希望すれば
本読みの手伝いをしてみてください
斉読《せいどく》(いっしょに読む)
最初だけ助ける感じで
おじいさんが か
たねを まきました。
「あまい あまい か
なれ。 大きな 大き
かぶに なれ。」
学校の先生へプリントをお渡しします
次回は3ヶ月後に経過を教えてください
わからない事があったらメールください

まとめ

「いつ相談に行ったらいいの?」「どこで吃音をみてくれるの?」と、疑問に思いながらこの本を読んでいる方も多いかもしれません。相談しようと問い合わせても「吃音はみていません」と断られることもあり、まだまだ日本で吃音の相談システムが整っていません。このような不満は、国には届いていません。

当事者が声を上げないと、状況は変わらないままです。

6 先輩の体験談

●周りを味方に（年長男の子のお母さん）

息子の場合は年少・年中の時に年上の子から思い切り真似されて年少の時は撃沈するほどのショックを受けました。私も先生方に理解をしてもらい、真似する場面に遭遇したら必ずその場で対処してもらうようにお願いをしました。

年中の時もやはり同じように真似されたのですが年長さんが「人の真似したらいかんばい！ 自分だって真似されたら好かんでしょ！！」と真似した子に言ってくれました。守ってくれた子のお母さんは私もよく知っていて、息子の吃音の事を話していたので、そうなった時の対処を子どもに教えてくれていました。

おかげで心に大きな傷を作ることなく、そして誰と一緒にいれば守ってもらえるのかを本人が一番感じていました。この時から少し自信もって話

すようになってきました。

自信がついたまま年長になり、吃音の出やすい5月に入りましたが、年少年中の時よりは、吃音が出なくなっていました。また年少で吃音とわかってから今まで対処・対応をしてもらった先生の協力も大きかったです。活動のプログラムそして発表会の出番やセリフすべてにおいて配慮していただきました。

進級してから友だちやクラスが変わると吃音が出やすくなるので、少しでも環境が変わらないようにと年齢別の活動は担任と3人の先生にも3年間ついてもらってます。これは息子にとって大きな心の拠り所となり「先生がいるから大丈夫」という安心の花が咲いていています。本当に保育園には感謝しています。

●味方になってくれた先生（小学1年生女の子のお母さん）

12月に診察後、学校の先生に診療の内容などを報告しましたが、同級生（主に男子）のからかいなどはご存じなかったようで、びっくりしていらっしゃいました。その後クラスで「自分がされたら嫌なことは人にしたらいけない」というような話し合いをして、様子を見ていこうということになりました。

それから平穏に過ごしていたのですが、1月後半あたりに娘の吃音が少しひどくなりました。本人は何も言わないのでどうしたのかと思っていたのですが、ある日担任の先生から電話がありました。お話を聞くと、クラスメートのある男の子から吃音の事をからかわれて学校で泣いていたそうです。

そこで先生は学級で話し合いの時間を作り、菊池先生から頂いたプリントの「吃音の説明ロールプレイ」（吃音以外にも、発表するときに真っ赤になるあがり症の子、緊張して泣き出してしまう子、そんな時からかわれたらどう思うか、自分に置き換えて考えてみましょうというようなこと）を行なったそうです。

そして、からかった子の親御さんを呼んで「先生はそういうことは絶対にゆるしません」ということを強く伝えてくださったそうです。娘の通っている小学校は1学年1クラスの小さな学校なので、クラス替えがありません。なので、1年生のうちに、このようにみんなで吃音について考えてくれたことはとてもありがたいと思いました。

●正しく伝えると変わる先生（小学4年生女の子のお母さん）

先日、小学校で学習発表会がありました。次女のクラスは全校生徒の前で、一人ひとり自分の作った詩を大きな声で発表しなければなりません。次女は、皆の前で詰まってしまい黙っていたら、ある先生から「がんばって練習したらできる！」と言われ、発表会を休みたいと訴えました。

翌日、菊池先生の「学校の先生へ（117ページ参照）」を担任に渡すと、次女が言いやすいように詩を変更してくれました。さらに友だちと一緒に発表させてくれるという配慮までしてもらい、何とか発表会に参加し乗り切ることができました。

頂いた資料は、毎年役立っています。ありがとうございます。

言いやすいように
変えていいわよ
ホッ

●小中高校生のつどい・キャンプ

東京では「小中高校生の吃音のつどい」が、年に3回ほど行なわれています。8月にはサマーキャンプをして、子どもたちだけではなく、親同士の話し合いがあります。他の吃音児の親の気持ち、対処法を聞くことができます。関西では、「親子サマーキャンプ」が毎年8月に開催されています。その他、少ないですが、各地で子どもと親を支える集まりを開いています。

吃音者のセルフヘルプグループ（言友会）

　1966年に発足し、全国34ヶ所にある日本で一番大きく、歴史があるセルフヘルプグループは言友会《げんゆうかい》です。週に1回から、数ヶ月に1回の例会では、大人の吃音のある人が集まり、自分の吃音体験談を話したり、スピーチの練習を行なっています。「吃音のある人は一人ではない」と感じられる場です。

　吃音のある親御さんが、時々参加されて、大人の吃音のある人の体験談や、どのように親が子どもに接するといいのか、などを尋ねられています。また、定期的に発行している機関誌の購読も可能です。

　言友会以外にセルフヘルプグループは全国各地にいくつかあります。

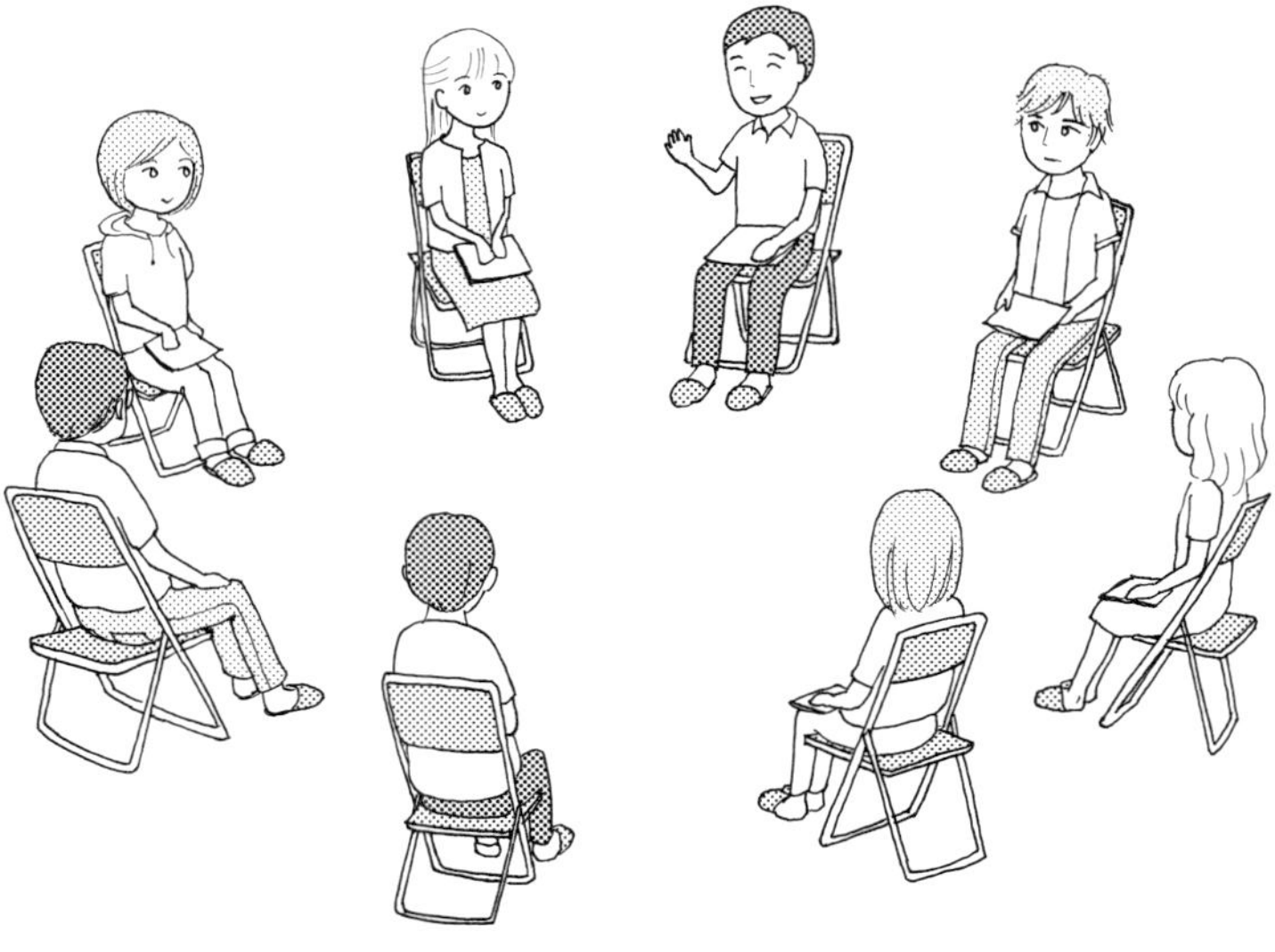

吃音のある子の記憶に残るもの

しかし
数名の人は――
ぼくが
どもるたびに
舌打ちされたり
怒られていました
チッ
どもった時に
母ににらまれた
怖い目が
トラウマに
なってます
親や
周りの人の
反応は
ハハハ
ハハハ
大人に
なってからも
覚えている人も
います
子どもは
話し方を
否定されると
全人格が
否定された
感じがします
ありのままを
認めてほしいのです

なぜ母親に吃音が嫌われていたかというと
母親の接し方が悪いんじゃないの
しつけがきびしすぎ
早くなんとかしてあげなさい
過去に「母親が原因」と誤解されていたからです
そのため子どもがどもるたびに
母親は自分が責められている感じがしたのでしょう

同じ過ちは
くりかえしては
いけません
ごめんね
母親は
悪くない
子どもが
記憶に残るのは
どれだけ
どもったのではなく
周りの人の反応を
記憶するのです
ハハハ
へんな
しゃべり方
くすっ
もう一度
ゆっくり
ちゃんと
話しなさい
だからこそ
周囲の理解が
大切です

ちょっと休憩
ん?
コーヒー入れたわよ
ZZZZZ

おまけ

知ってほしい場面かんもく

場面かんもくということばをご存知ですか？　家では普通に話すのに、園や学校など特定の場面で話せない状態を指します。

発生率は約200人に1人。社交不安や恐怖症の一種で、生まれつき危険に対して敏感な「行動抑制的気質」をもつ子どもと言われています。「恥ずかしがり屋」との違いは、かんもく症状が、長期間・広範囲で続き、園・学校などの社会生活で、本来の力を出しにくいことです。

●場面かんもく傾向があると気づいたら

園や学校で、「何でしゃべらないの?」「『あ』って言ってみてよ」と友だちに言われていないか、先生に確認してみてください。吃音と同様に「わざとじゃないんだよ」と周りの友だちに伝える必要があります。

話さないことを責めない
なんで話さないの?
発話を強制しない
あいさつしなさい!
周囲に理解を図る
わざとじゃないんです
助けてくれるとうれしいです

場面かんもくは学校生活を通して長く続くこともありますので、早い時期に、発達相談機関、スクールカウンセラー、子どもの心身医療に詳しい医療機関に相談することをお勧めします。

家庭と学校が協力して、子どもが安心できる環境を作り、自信をつけていくことが大切です。

参考文献
はやしみこ著『どうして声が出ないの?―マンガでわかる場面緘黙』学苑社
らせんゆむ著『私はかんもくガール』合同出版
「かんもくネット」のホームページ
http://kanmoku.org/

・親、先生向け

①　『吃音のリスクマネジメント――備えあれば憂いなし』
菊池良和著　学苑社　2014年
　幼児から思春期以降まで、吃音のあることで生じるリスクを挙げ、その対処法を示しています。「これから何がおこるのか」に対して、心の準備ができるようになります。

②　『吃音の世界』
菊池良和著　光文社　2019年
　幼少期から吃音で悩み苦しんできた医師が、吃音の当事者のみならず、私たちがより多様な社会を生きるためのヒントを伝えます。

③　『健康ライブラリー　吃音のことがよくわかる本』
菊池良和監修　講談社　2015年
　吃音のある子どもの親向けの本。イラストが多く吃音のことをさらに知ることができます。

・専門家（医師、言語聴覚士、ことばの教室の先生、臨床心理士など）向け

①　『吃音の合理的配慮』
菊池良和著　学苑社　2019年
　効果的な吃音支援を実現するために、合理的配慮の具体的な事例や法律そして資料を紹介します。

②　『小児吃音臨床のエッセンス――初回面接のテクニック』
菊池良和編　学苑社　2015年
　第一線で吃音の相談に応じている17名の専門家の初回面接のテクニックを集めた書です。3歳児健診から中学生までの事例を紹介しています。

③　『エビデンスに基づいた吃音支援入門』
菊池良和著　学苑社　2012年
　誤解の多い吃音について、正しい情報を知るためには、科学的根拠のあるデータを知ることです。吃音の臨床を始める前に知らなければならない知識が満載の必読の書。

幼稚園・保育園の先生へ

吃音症（どもり）について

吃音（きつおん）は２～４歳に５％（20人に１人）の割合で発症しますが、約４割の子が３歳児健診以降に発症します。そのため、幼稚園・保育園の先生が相談される機会は多いでしょう。発症後４年で、74％の子が自然回復しますが、吃音の家族歴がある子、男の子は回復する確率は減ります。親の育児方法や園の接し方が発症の原因ではありません。吃音は言語の発達過程で生じてしまうものであり、世界中同じ割合で発症しているのです。新学年、新学期には吃音の症状が一旦増えますが、時間とともに軽減することが多いです。幼稚園・保育園の先生に一番してほしいことは、子どもたちへの吃音の説明や、吃音の真似をしている子がいたらやめさせてほしいことです。歌や２人で声を合わせると、どんな子でも吃音は消失します。

吃音の進展段階

	吃音症状	心理的な負担
第1層	・お、お、お、おかあさん（連発） ・おーーーかあさん（伸発）	小 ↓ 大
第2層	・・・・・おかあさん（難発） ・顔や首に力が入る、手や足でタイミングを取る（随伴症状）	

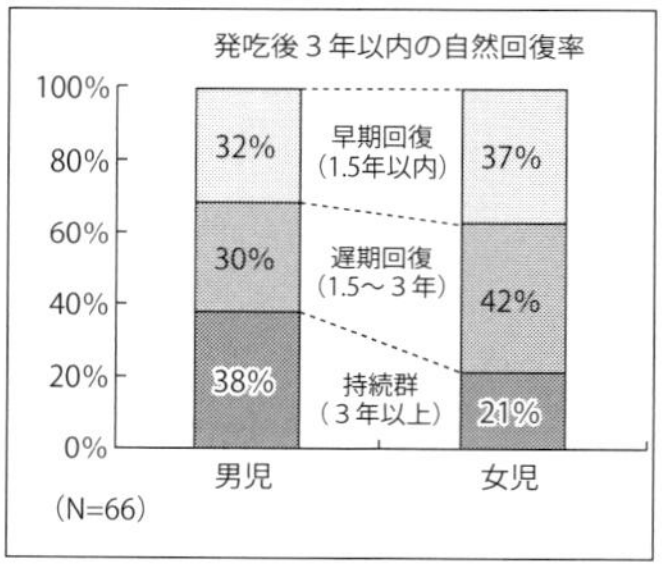

先生ができること	①吃音のからかいをやめさせる（少しの真似でも、傷つく）。 クラスで吃音のからかいがあったら報告させる。 ②話すのに時間がかかっても待つ。 ③話し方のアドバイスをしない（ゆっくり、深呼吸して、落ち着いて、など）→効果がなく、逆にプレッシャーになる。 ④２人で声を合わせて話すと、吃音が消失することを知っておく。

吃音の説明ロールプレイ
先生「○○くんは、ことばを繰り返したり、
　　つまったりすることがあるけど、それを
　　真似したり、からかわないように。
　　もし真似する人がいたら、先生まで教えてね」
幼児「なんで真似してはいけないのですか？」
先生「わざとしているわけではないから」
幼児「うん」とうなづく（先生はほめる）

先生の一言が
非常に効果があり、
子どもは助かります。

出典：菊池良和『吃音のリスクマネジメント』116ページ（学苑社）

学校の先生へ

吃音症（どもり）について

吃音（きつおん）は、しゃべることばに連発（ぼ、ぼ、ぼ、ぼくは）、伸発（ぼーーーくは）、難発（……ぼくは）などが起きて、滑らかに発話できないことを指し、100 人に 1 人は吃音があります。2011 年に吃音のあるイギリスの王ジョージ 6 世の映画『英国王のスピーチ』がアカデミー賞を受賞したことで有名になりました。

吃音は、言語発達の盛んな 2 ～ 4 歳ころに発症するもので、原因はまだ特定されていません。吃音の治療法はまだ確立されていませんが、吃音によるいじめなどがなければ、年齢を重ねるにつれ、自然と軽減していくものです。精神的な弱さが吃音の原因と誤解されることがありますが、先生が精神的に強くしようとしても治すことはできません。吃音は最初のことばで発生することがほとんどであり、2 人以上で声を合わせる（斉読）ことや歌では、吃音は消失します。

	連発 （最初のことばを繰り返す）	難発 （最初のことばが出るのに時間かかる）
苦手な場面	本読み、発表、劇、健康観察、 日直、号令、自己紹介	
得意な場面	友達との会話、得意な話をするとき	
困ること	真似される、吃音を指摘される、笑われる	「早く言いなさい」とせかされる 答え・漢字がわからない誤解される 一生懸命話そうとするが声がでない
先生ができること	①吃音のからかいをやめさせる（少しの真似でも、傷つく）。 クラスで吃音のからかいがあったら報告させる。 ②話すのに時間がかかっても待つ。 ③話し方のアドバイスをしない（ゆっくり、深呼吸して、落ち着いて、など）→効果がなく、逆にプレッシャーになる。 ④本読み、号令などの対応を本人と話す。	

吃音の説明ロールプレイ
先生「○○くんは、ことばを繰り返したり、
　　つまったりすることがあるけど、それを
　　真似したり、からかわないように。
　　もし真似する人がいたら、先生まで教えてね」
児童「なんで真似してはいけないのですか？」
先生「わざとしているわけではないから」
児童「わかりました」

先生の一言が
非常に効果があり、
子どもは助かります。

出典：菊池良和『吃音のリスクマネジメント』117ページ（学苑社）

あとがき

「吃音のある子のママは悪くない」

この一言を伝え、応援するために、本書を書きました。

吃音の問題は短時間では解決しません。

「どこに吃音を治す方法が書いてあるのだろうか」と探した読者はいるかもしれません。しかし、専門家が介入することによって吃音を治す方法は現在ありません。生まれもった体質により治る人は治りますし、治らない人は治らないと思います。もちろん、私も吃音が治る方がいいと思っています。

ただ、小学生になってもはっきりと吃音がある子は、治ることを祈るよりは、吃音と向き合い、上手に付き合っていく、という発想ではないと、吃音支援が後手に回ります。

「吃音は不便だけど、不幸な子になる訳ではない」

私はそう思っています。

ただ、現実問題として、大人の吃音者の中には

「私の人生は不幸である」

と言う人がいるでしょう。

「吃音は意識しない方がいい」

「吃音に気がついていない・困ってなさそうだから触れない方がいい」

という間違った噂を大人（親、先生）が信じてしまったために、吃音の話題を家庭でオープンにできないまま、吃音に対するからかい・いじめが続き、本人に嫌な思いがあっても、誰も助けてくれず、孤独だったのでしょう。

同じ過ちを繰り返してはいけないのです。

今の日本に足りないのは、吃音のある子の母親の「生の声」です。私たち吃音の専門家は、親が何に悩んでいるのか、「生の声」を知るべきですし、もっと相談者が、吃音のある子の親の悩みに真摯に向き合うべきです。親の悩みのうち変えられない部分はありますが、変えられる悩みの部分はきっとあります。

それに加えて、「親同士のネットワーク」が非常に少ない現状です。吃音のある子の母親の悩みの共感は、同じ吃音のある子の親が一番支えとなるのではないでしょうか。

「私一人じゃないんだ」
と母親を孤独にしない分かち合いの場、吃音の情報共有する場があってもいいと思います。本書を読まれ、親が情報発信したホームページ、SNSなどがありましたら、私にメールをいただけると嬉しいです。私はそういう活動を応援します。

本書の企画を快く受け入れていただいた学苑社の杉本哲也社長には感謝申し上げます。そして、私の考えをイラストとして表現していただいた、はやしみこさんにも感謝申し上げます。全編イラストを盛り込むことにより、より伝わりやすい本になったのではないかと思っています。最後に私を育ててくれた九州大学耳鼻咽喉科の皆様にも感謝申し上げます。そしてなによりも、妻と一人っ子の息子にも、かけがえのない経験をさせてもらっています。

本書が、小児科・耳鼻咽喉科の待合室や、図書館、園・学校の書籍棚に置かれ、吃音のある子・その親が安全・安心して成長する環境づくりに役立てたら幸いです。

菊池良和

著者

菊池　良和（きくち　よしかず）

医学博士・耳鼻咽喉科医師。ラ・サール高等学校、九州大学医学部卒業。宗像水光会病院研修医を経て、九州大学耳鼻咽喉科入局する。九州大学大学院臨床神経生理学教室で吃音者の脳研究を始め、国内外の学会で発表した吃音の脳研究に対して学会各賞を３度受賞している。現在は九州大学病院勤務。主な監修・編著書：『吃音の合理的配慮』『エビデンスに基づいた吃音支援入門』『吃音のリスクマネジメント―備えあれば憂いなし』『小児吃音臨床のエッセンス―初回面接のテクニック』（すべて学苑社）、『吃音の世界』（光文社）『ボクは吃音ドクターです。』（毎日新聞社）『健康ライブラリー　吃音のことがよくわかる本』（講談社）。
メールアドレス：kiku618@gmail.com

イラスト

はやし　みこ

イラストレーター。
著書『なっちゃんの声―学校で話せない子どもたちの理解のために』『どうして声が出ないの？―マンガでわかる場面緘黙』（すべて学苑社）
ホームページ　https://hayashimiko.wixsite.com/notes

子どもの吃音《きつおん》　ママ応援BOOK

2016年１月25日　初版第１刷発行
2025年４月20日　初版第９刷発行

著　　者　菊池　良和
イラスト　はやしみこ
発 行 者　杉本　哲也
発 行 所　株式会社学苑社
東京都千代田区富士見２-10-２
電話　03（3263）3817
Fax　03（3263）2410
振替　00100-7-177379
印刷・製本　藤原印刷株式会社

検印省略

乱丁落丁はお取り替えいたします。
定価はカバーに表示してあります。

ISBN978-4-7614-0777-3　C3037